servir
revue adventiste de théologie

SERVIR - *Revue adventiste de théologie*, est la revue de la Faculté adventiste de théologie de Collonges-sous-Salève (France). Elle touche l'ensemble des domaines de la théologie.

Même si globalement la teneur des articles est soutenue par le Comité scientifique et la Faculté adventiste de théologie, les positions défendues dans les articles n'engagent que leurs auteurs.

Tout article peut être proposé à la rédaction. Merci d'envoyer votre manuscrit par courriel à secretariat.fat@campusadventiste.edu. Il sera considéré par le Comité scientifique.

Directeur de la publication : Gabriel Monet

Comité scientifique : Roland Meyer (président), Rivan Dos Santos, Daniel Hornicar, Marcel Ladislas, Luca Marulli, Gabriel Monet, Jean-Luc Rolland.

Secrétaire de rédaction : Chantal Zehnacker

Correspondants : Jacques Doukhan (Amérique du Nord), Sully Payet (Océan Indien), Roger Tetuanui (Pacifique).

Tarifs et abonnements
Prix de vente du numéro : 7 €
Prix de l'abonnement (deux numéros par an, frais de port compris) :
    Pour l'Europe et Dom-Tom : 14 €
    Pour le reste du monde : 18 €

Pour s'abonner, merci de remplir le formulaire prévu à cet effet sur la page dédiée du site Internet du Campus adventiste du Salève : www.campusadventiste.edu. L'abonnement peut être réglé par carte bancaire directement sur le site, ou à défaut par chèque à l'adresse de la faculté. Pour toute question ou renseignement à propos de l'abonnement : secretariat.fat@campusadventiste.edu.

© 2017, Faculté adventiste de théologie
33 chemin du Pérouzet, 74160 Collonges-sous-Salève
Imprimé par Books on Demand GmbH, Nordestedt, Allemagne

ISBN : 9782911358500

Dépôt légal : décembre 2017

L'adventisme : servir l'histoire ou une histoire de service

Gabriel Monet[1]

Vous avez entre les mains le premier numéro de la nouvelle revue théologique de la Faculté adventiste de théologie de Collonges-sous-Salève (France). Elle vient combler un manque dans l'espace francophone adventiste depuis l'arrêt en 1999 de la revue *Servir*, qui était éditée par le département de l'Association pastorale de la Division intereuropéenne. Certes, il existe aujourd'hui diverses revues publiées ou traduites en français visant les membres d'Eglise, les étudiants, etc., qui contiennent des articles liés aux différents domaines de la théologie, mais sans pour autant viser à être une revue scientifique encourageant la recherche et des réflexions approfondies. Certes, les théologiens francophones adventistes publient dans des revues théologiques non francophones ou non adventistes. Il existe même une revue théologique adventiste européenne multilingue, *Spes Christiana*, mais peu diffusée en francophonie du fait du très faible nombre d'articles en français. Alors que l'adventisme francophone, réparti sur toute la planète, est significatif, il semble légitime d'y développer un outil qui favorise la recherche et permet à ceux qui s'intéressent aux questions théologiques d'y découvrir de quoi être nourris, encouragés, stimulés. Cette nouvelle revue pourra contribuer à la synergie entre les diverses facultés adventistes francophones (Cameroun, Haïti, Madagascar, France) et les théologiens qui dépendent de ces universités mais aussi de ceux qui exercent dans d'autres contextes. La faculté de Collonges se réjouit d'être un moteur dans ce sens et espère ainsi offrir à tous les historiens, les théologiens pratique, les systématiciens et les biblistes de belles opportunités d'écriture en partageant leurs explorations et réflexions. Ce sera bien entendu de riches

---

[1] Gabriel Monet, Docteur en théologie, est professeur de théologie pratique et doyen de la Faculté adventiste de théologie de Collonges-sous-Salève (France).

occasions de lecture pour tous, théologiens, étudiants, pasteurs et leaders, mais aussi pour tous ceux qui s'intéressent un tant soit peu à la théologie. Cette revue se veut sérieuse et scientifique mais non élitiste ni trop technique pour rester accessible au plus grand nombre, et ainsi contribuer à apporter un regard constructif sur l'adventisme, de même qu'un regard adventiste pertinent sur la Bible, l'histoire, l'ecclésiologie...

Pourquoi avoir repris le titre *Servir* ? Tout d'abord pour ancrer notre démarche dans une histoire. Il est vrai que la revue qui portait ce titre visait principalement les pasteurs alors que nous cherchons à viser un lectorat plus large. Elle était appréciée et utile ; elle a pu nourrir toute une génération de personnes désireuses de réfléchir et d'agir, de faire valoir un ancrage biblique cohérent, en s'appuyant sur une identité adventiste heureuse, tout en cherchant à être culturellement pertinente. Cette vision mérite d'être prolongée.

Servir est aussi un titre porteur d'une vision qui engage. Créer une revue théologique juste pour le plaisir de la réflexion intellectuelle est limitatif, alors que toute recherche théologique peut avoir comme vocation d'être une contribution au ministère de l'Eglise en général et de chacun en particulier. Ce mot *ministère* est magnifique car il rappelle précisément, de par son origine latine (*ministerium*), cette notion de service. Le mot *minister* qui a été formé par opposition au mot *magister*, oppose le serviteur au maître. Mais avec le temps, le concept de ministère s'est élargi et a été associé à l'idée d'une tâche à accomplir, une façon d'agir, et même une manière de diriger. Dans une perspective biblique, le ministère est associé au mot hébreu *sharath*, et au mot grec *diakoneō* (servir), et dans une certaine mesure à des termes tels que *mesareth*, *abad*, ou *leitourgeō*, *latreuō*, *hyperetes* qui sont tous, la plupart du temps, liés à la notion de service de la part des humains vis-à-vis de Dieu ou de leaders. Mais même ce sens spécifique du ministère est élargi à la divinité. Dans l'Ancien Testament, la notion est présente par exemple dans les quatre chants du serviteur en Esaïe (42 ; 49 ; 50 ; 52). Dans le Nouveau Testament, la notion de ministère est associée à l'action de Jésus qui s'est présenté lui-même comme étant venu pour servir (Mc 10.45 ; Lc 22.26-27). Cet exemple du service devient une ligne à suivre pour chaque ministre (Ph 2.6-8 ; 1P 2.21). Dans tous les cas, l'aptitude à exercer un ministère est un don de Dieu (Ac 20.24 ; Col 4.17 ; 1Tm 1.12 ; 1P 4.11)[2]. Servir est donc un engagement profondément théo-logique, c'est-à-dire que cela s'inscrit non dans une démarche uniquement actionnelle, mais dans une

---

[2] Siegfried Horn, « Minister », *Seventh-day Adventist Bible Dictionary*, Washington, Review and Herald, 1979, p. 744 ; Roger Beckwith, « Ministry », dans *New Bible Dictionary*, Leicester, Inter-Varsity Press, 1982, p. 780-781 ; Alain Rey, « Ministre », dans *Dictionnaire historique de la langue française*, Paris, Robert, 1992, p. 1249.

dynamique qui combine d'une part la réflexion et l'action, et d'autre part l'action humaine à l'action divine. Le dessin qui illustre la couverture de cette revue se veut porteur de cette idée que toute action (symbolisée par la main) a vocation à être soutenue et inspirée par Dieu au travers de son Saint-Esprit (symbolisé par la colombe).

Ce premier numéro, qui paraît en fin d'année 2017, a une forte connotation historique. Il s'inscrit logiquement en lien avec la célébration des 500 ans de la Réforme. Mais au-delà de la circonstance, s'intéresser à l'histoire est fondamental pour comprendre le présent et construire l'avenir. Cela forge ou recentre notre identité et ancre nos conceptions et nos engagements dans l'action constante du Dieu de l'Histoire, du Dieu de nos histoires[3]. Cela permet de saisir quels rapports nos prédécesseurs ont entretenus avec ceux qui les entouraient, et comment à notre tour, nous pouvons interagir avec nos contemporains[4]. Cela met en évidence les succès comme les échecs ; or nous apprenons souvent plus des deuxièmes que des premiers, ce qui doit nous pousser à une attitude humble, en conformité avec la notion de service. Cela rappelle de quoi sont faites nos racines et sur quels principes nos convictions sont fondées[5]. Enfin, pour des théologiens, faire mémoire c'est toujours d'une manière ou d'une autre revenir à la Révélation, et donc se mesurer à la Bible, considérer comment les Ecritures peuvent éclairer notre chemin[6].

L'adventisme considère qu'il a un rôle clé à jouer dans la période historique qui précède le retour de Jésus. Mettre l'accent sur l'espérance ; relayer et vivre les messages des trois anges de l'Apocalypse qui débouchent sur l'importance de garder les commandements de Dieu et la foi de Jésus (Ap 14.6-12) ; raviver et incarner une conception holistique de l'être humain avec toutes les implications anthropologiques et écologiques que cela induit ; assumer une démarche missionnaire responsable et dynamique... autant d'éléments importants pour le présent et l'avenir de l'Eglise adventiste qui ont tous un ancrage historique mais qui sont aussi les piliers d'une histoire qui pointe vers le renouvellement de

---

[3] Voir à ce propos les articles de Jacques Doukhan et Richard Lehmann. Le premier montre la tension inhérente à l'identité adventiste ancrée d'une part autour du sabbat qui est une invitation à faire mémoire en ramenant notamment à l'acte fondateur de la Création ou à l'événement essentiel de la libération liée à l'exode, et d'autre part à une histoire à venir, en lien avec l'eschatologie et l'attente du retour de Jésus. Le deuxième propose une relecture dynamique et constructive de l'histoire de l'Eglise adventiste.
[4] Rivan Dos Santos, par le regard qu'il porte dans son article sur les rapports de Jésus et des apôtres avec les Romains est instructif, et pose les jalons d'une attitude équilibrée avec les contemporains.
[5] Jean-Luc Rolland, en se penchant sur l'origine et le développement du puritanisme, montre combien garder un cap théologique est délicat. Denis Fortin et Thomas Domanyi, montrent combien l'adventisme est lié à la Réforme et a été fécondé en partie par elle, et notamment par Jean Calvin.
[6] L'histoire de notre rapport au texte biblique est liée à l'histoire des traductions. Roland Meyer s'intéresse dans son article à l'histoire des traductions françaises.

toutes choses. Le risque existe néanmoins pour l'Eglise adventiste de s'appuyer sur ses acquis et d'en faire une certaine fierté. Avoir une vocation particulière, être motivé par une mission spécifique ou constituer un reste fidèle peut contribuer à ne compter que sur ses acquis, sur ses propres forces, alors que l'essentiel est précisément dans la dépendance avec le Tout-Autre, celui qui est en charge de l'Histoire et qui seul peut la mener à terme, comme et quand il veut. Comme l'Eglise de Laodicée (Ap 3.14-22) qui avait certes des atouts mais en a fait un sujet de fierté, l'Eglise adventiste peut se croire riche alors qu'elle ne vivra la volonté de Dieu et assumera son rôle prophétique que dans la mesure où le service qu'elle rend à l'Histoire ira de pair avec l'histoire de service qui la caractérisera.

Tension au cœur de l'identité adventiste : une perspective existentielle et eschatologique

Jacques Doukhan[1]

Introduction : « Car il est comme son nom » (1 Samuel 25.25)

Nombre d'entre nous avons éprouvé quelques difficultés avec le nom « Adventiste du septième jour ». Je garde un souvenir très net d'un incident drôle quand je servais à l'armée. L'intendant militaire m'a demandé un jour : « Quelle est votre religion ? » Je lui ai répondu : « adventiste ». A mon grand étonnement, il a inscrit : « dentiste ». Nous tous avons rencontré un certain embarras concernant ce nom. A cet embarras naturel, essentiellement dû à l'ignorance, je voudrais ajouter une autre difficulté. Jusqu'à présent, nous avons compris ce nom comme une simple description de notre identité théologique. La difficulté à laquelle je me réfère, c'est que notre nom, tout en décrivant les composantes de notre foi, porte aussi une tension qui constitue en réalité l'essence de notre identité.

Définition de la tension : deux mondes inconciliables

Notre nom est constitué d'une tension entre deux mondes inconciliables. Cette tension nous la trouvons déjà à un premier niveau : notre nom est constitué d'entités opposées. Le segment « du septième jour » est constitué d'un nombre ordinal, qui nous ancre dans le monde concret des chiffres, la réalité tangible du comptable. Mais il est aussi constitué du mot « jour » qui nous immerge dans le temps, dans notre vie présente. Par cette locution nous sommes précisément reliés au temps de la semaine et au temps de l'histoire. Par cette locution nous

---

[1] Jacques Doukhan, Docteur ès lettres hébraïques et Docteur en théologie, est professeur d'hébreu et d'exégèse de l'Ancien Testament au *Seventh-day Adventist Theological Seminary* de l'Université Andrews à Berrien Springs (Michigan, Etats-Unis). La traduction a été réalisée par Marcel Ladislas.

sommes confrontés à l'existence et nous appartenons au cours de l'histoire. Le terme « adventiste », d'un autre côté, est un terme abstrait dont le sens n'est pas immédiatement évident. Ce terme n'est généralement pas traduit dans d'autres langues. Alors que nous traduisons le complément du nom : « du septième jour », nous laissons habituellement intact et lesté de mystère ce nom d'« adventiste » qui intrigue. Alors que la locution « du septième jour » nous relie à l'existence terrestre et à l'histoire des hommes, le terme « adventiste » nous renvoie au futur de l'histoire, qui vient après l'histoire des hommes, appartient au domaine prophétique, et pointe vers quelque chose de céleste. Alors que la locution « du septième jour » nous place face à la réalité présente de la cité terrestre et nous fait respirer au rythme du temps « sous le ciel » (Ec 3.1), le terme « adventiste » nous éloigne de l'*ici et maintenant* et nous fait rêver d'un royaume des cieux, prier pour sa venue, l'espérer et renforcer dans nos cœurs le sens de « l'éternité » (Ec 3.11). Il est intéressant de voir qu'Abraham Heschel avait à l'esprit la même espèce de tension quand dans ses propres catégories de pensées, il faisait observer ce qui suit :

> « Citoyens de deux royaumes, nous devons tous subir une double allégeance : nous éprouvons l'ineffable dans un royaume, nous nommons et exploitons la réalité dans un autre. Entre les deux nous établissons un système de référence, mais nous ne pouvons jamais remplir le fossé. Ces royaumes sont aussi lointains et aussi proches que le temps et le calendrier, le violon et la mélodie de la vie et ce qui repose au-delà du dernier soupir[2]. »

Le propos de cet article est d'examiner la nature spécifique de la tension au cœur de l'adventisme du septième jour, comme en témoigne les deux pôles de ce nom. J'analyserai les diverses applications théologiques de chaque composant : « septième jour » et « adventiste[3] », brossant leurs dimensions existentielles et eschatologiques. J'envisagerai des ponts possibles entre ces deux mondes inconciliables et, dès lors, explorerai les leçons pour notre identité, qui nous sommes ou qui devrions-nous être.

Septième jour

Le sabbat du septième jour est plus que « pas le dimanche ». C'est davantage que le changement d'un jour pour un autre ; le sabbat du septième jour comporte

---

[2] Abraham Joshua Heshel, *L'homme n'est pas seul*, Sisteron, Editions Présence, 1972, p. 8 (la première édition originale en anglais date de 1951, avec un sous-titre : *Une philosophie de la Religion*).
[3] N.d.t : L'auteur organise son texte en suivant le syntagme anglais : « Seventh-day Adventist ». Il traite les deux éléments qui composent ce nom dans l'ordre de cette syntaxe anglaise. Ce choix est valide parce que le nom est d'origine américaine. Mais surtout pour la pertinence théologique qu'il met en lumière. Le premier élément se réfère au sabbat de la création et le second à la parousie. Même si la traduction française inverse les deux éléments, la logique rédactionnelle demeure et a été conservée dans la traduction.

des perspectives théologiques significatives et profondes. C'est d'abord le refus du *contemptus mundi* médiéval (le mépris du monde) ; c'est l'affirmation de notre lien avec cette création, avec ce temps et avec l'histoire de ce monde.

A l'inverse de Marcion et de beaucoup de ses adeptes chrétiens qui ont opté pour le dimanche (qu'ils ont vu comme le jour de la résurrection, et par conséquent de la délivrance du corps physique), afin de renier la valeur de la création matérielle incluant notre corps et d'exalter les réalités spirituelles comme l'âme, le sabbat du septième jour célèbre le don de la création par Dieu. Cela signifie que les observateurs du sabbat du septième jour ont le devoir d'affirmer la valeur du corps. Ce que nous mangeons, buvons ou respirons, la manière de traiter notre corps, l'attention à notre réalité physique entrent pour partie dans l'attention au sabbat du septième jour. Pour les observateurs du sabbat du septième jour la religion est une affaire concrète qui implique la réalité physique de la chair. Cela signifie aussi que les observateurs du sabbat du septième jour ne devraient pas avoir de problème à engager la réalité de leurs fonds et de leurs bénédictions physiques dans leur expression religieuse. Rendre la dîme est, comme le sabbat, une autre affirmation de notre foi dans la création et par conséquent la reconnaissance que tout appartient au Créateur (Lv 27.30 ; Ps 24.1 ; Gn 14.19-21). Le « oui » à la création qui est contenu dans l'observation du septième jour implique également une attention à la réalité de ce monde. Les préoccupations écologiques, le souci pour les problèmes de l'environnement ainsi que la sensibilité à la beauté de la création et à la jouissance sensuelle de la création sont des applications directes de cette attention. Le « oui » à la création est un « oui » à la joie de vivre. Le sabbat du septième jour nous connecte à la réalité humaine de ce monde, à notre famille (Lv 19.3), mais aussi à nos serviteurs, à nos employés et aux étrangers (Ex 20.10), et également aux animaux de la création (Ex 20.10). Les ministères d'ADRA[4] et de l'AIDLR ne sont pas seulement des expressions sociales de notre amour chrétien, ou une sorte de décor de relations publiques pour impressionner et séduire le monde séculier, ou juste un avant-propos stratégique pour préparer la voie au reste de notre message religieux ; ils sont partie inhérente de notre message religieux : ils sont enracinés dans le sabbat du septième jour, qui exige cette responsabilité.

Le sabbat du septième jour devrait marquer notre connexion avec l'histoire des hommes car ce n'est pas seulement le mémorial de l'acte créateur de Dieu (Ex 20.11), c'est aussi le signe de l'œuvre de Dieu dans l'histoire (Dt 5.15). Il fait

---

[4] ADRA, l'organisme humanitaire adventiste (*Adventist Development and Relief Agency*) et l'AIDLR (Association Internationale pour la Défense de la Liberté Religieuse) sont deux entités historiques importantes de l'Eglise adventiste.

comprendre le message d'*Emmanuel* « Dieu avec nous » et c'est la marque de son incarnation, non seulement dans la personne de Jésus-Christ mais aussi dans sa Parole, les Ecritures canoniques. Il contient par conséquent l'affirmation puissante de la valeur qu'il y a à apprendre et rechercher les expressions humaines de la voix prophétique. C'est un appel à utiliser notre esprit et notre intelligence dans la quête de la vérité et dans l'édification de notre vie et de notre pensée religieuses. Le sabbat du septième jour nous place au cœur de la Loi (voir sa position au centre de la structure du Décalogue), qui nous ordonne d'incarner notre piété dans les actes du quotidien. Il nous rappelle que la religion n'est pas juste faite de prières et de méditation spirituelle ; c'est essentiellement une obéissance qui gouverne notre vie quotidienne, dans notre relation avec nous-mêmes, le monde et notre prochain (Pr 15.9 ; 21.3). En résumé, le composant « sabbat du septième jour » est ce qui fait de nous des humains, réels et présents dans ce monde, une dimension que Jésus met en relief : « le sabbat a été fait pour l'homme » (Mc 2.27).

Adventiste

Le terme « adventiste » nous oriente dans une autre direction ; il nous sort du monde et de cette époque et alimente notre réflexion eschatologique. Contrairement à l'emphase traditionnelle des théologies évangéliques et existentielles qui aiment mettre l'accent sur le royaume spirituel de Dieu dans notre relation présente avec Dieu et qui insistent sur le salut actuel à travers un accès immédiat de l'âme au paradis céleste, nous proclamons fondamentalement un événement qui appartient au « pas encore » et concerne l'ordre céleste : la venue future de notre Seigneur Jésus-Christ du ciel et l'instauration du royaume céleste. Pour nous l'événement réel du salut n'est pas subjectif, une rencontre sentimentale ou une rencontre existentielle, une translation individuelle lors de notre décès. Le salut est cosmique, par nature, et n'est pas encore survenu, bien qu'il ait été anticipé et garanti par l'événement de la croix, et bien que Dieu soit intensément présent dans nos vies par ses bénédictions et nos expériences religieuses. Nous comprenons que le salut a son origine au ciel, dans la grâce de Dieu et ne dépend ni d'une tradition humaine, ni d'un effort humain. Nous croyons dans la réalité spatiale d'un sanctuaire céleste dans lequel le processus du salut est décidé et organisé. Nous méditons sur la signification du jour antitypique des expiations qui caractérise notre temps de la fin et qui retentit sur notre identité prophétique comme un peuple de Dieu des derniers jours.

Nous espérons une résurrection des morts à venir et la création d'un corps nouveau, « glorieux » avec le don de la vie éternelle. Nous espérons également la création de nouveaux cieux et d'une nouvelle terre où nous vivrons éternellement dans une paix parfaite et dans la présence réelle du Seigneur.

Toutes ces espérances peuvent sembler utopiques parce qu'elles concernent des réalités et des concepts qui sont totalement étrangers à notre expérience humaine. Ils ne sont pas le produit de notre imagination poétique ; il ne s'agit pas d'un scénario de science-fiction. Ce sont des choses que nous ne pouvons même pas imaginer, « c'est ce que l'œil n'a pas vu, ce que l'oreille n'a pas entendu, et ce qui n'est pas monté au cœur de l'homme, tout ce que Dieu a préparé pour ceux qui l'aiment » (1Co 2.9). Nous croyons l'incroyable, grâce à la révélation (1Co 2.10). La composante « adventiste » nous ouvre sur le surnaturel qui inspire notre compréhension des Ecritures et affecte notre herméneutique, exigeant de nous une approche attentive et respectueuse de la Parole inspirée. Nous ne pouvons croire à la seconde venue du Christ avec tout ce que cela implique de rupture des données naturelles de notre histoire et pratiquer la méthode historico-critique qui va à l'encontre de cette affirmation. En résumé, la composante « adventiste » est ce qui fait de nous des gens à part et différents de ce monde, qui oriente vers la transcendance, et qui justifie notre rôle comme témoin d'une autre cité.

Adventiste / septième jour

Jusqu'ici mes descriptions ne sont pas totalement originales et chacun peut aisément s'identifier avec cette présentation, sauf peut-être pour la tension implicite que comporte le contraste entre les deux mondes. C'est précisément le prochain point du raisonnement que je voudrais étudier. Je suggère que notre identité ne soit pas simplement constituée de deux composantes, même si cela reste indéniable et clair ; mais que notre identité réside dans la tension entre les deux. Les deux dimensions sont rassemblées, l'une en tension avec l'autre et l'une en relation avec l'autre, mais aussi leur interpénétration : le « septième jour » est présent dans la pensée eschatologique « adventiste » ; et inversement la pensée eschatologique doit imprégner notre existence.

« Adventiste » avec *« septième jour »*. L'intégration canonique du l'Ancien et du Nouveau Testament dans l'appropriation adventiste des Ecritures, étayée par la reconnaissance théologique du même degré d'inspiration entre les deux testaments, est un principe cardinal pour notre Eglise. Je ne suis pourtant pas sûr jusqu'à quel point ce principe a été bien assimilé et bien appliqué dans la vie de l'Eglise et dans la vie de piété personnelle de l'adventiste du septième jour, en prenant en compte l'emploi de l'Ancien Testament dans nos prédications habituelles, dans nos dévotions et la lutte continuelle pour pousser à l'étude de l'hébreu par rapport à celle du grec dans nos écoles et nos séminaires ? Une des implications les plus immédiates de cette tension est l'association de « la loi et

de l'Evangile » qu'Ellen White emploie pour expliquer notre « nom distinctif[5] ». Il est également significatif que c'est sur le fondement de cette tension que le nom « Seventh-day Adventist » a été légalement adopté pour fonder la création historique de l'Eglise adventiste du septième jour : « Nous, les soussignés, par la présente association, en tant qu'Eglise, nous prenons le nom adventiste du septième jour, en convenant de garder les commandements de Dieu et la foi de Jésus-Christ[6]. » Evidemment, cette profession de foi était enracinée dans le texte de l'Apocalypse interprété comme une référence prophétique aux témoins de la vérité biblique vivants des derniers jours (Ap 14.12). Nous croyons aussi que c'est cette tension qui devrait réconcilier « la loi de Moïse » et la venue du « jour du Seigneur » qui caractérisera le message de l'Elie eschatologique (Ml 3.22-24) ; il en va de même de notre compréhension de la mission des deux témoins qui représentent le témoignage de l'Ancien Testament et du Nouveau Testament (Ap 11.3-6).

« *Septième jour* » dans « *adventiste* ». La relation au temps et à l'histoire, qui constitue l'essence du terme « *septième jour* » est aussi une partie intégrale de notre eschatologie. Cela signifie que notre eschatologie n'est pas un rêve éthéré hors de la réalité de la chair et de l'histoire. Paradoxalement, le fait même que le salut soit un événement cosmique situé objectivement dans le futur et non juste une expérience émotionnelle et « spirituelle » donne à l'événement du salut toute son évidence historique. Egalement, parce que l'événement du salut est réellement historique, cela ne va pas sans les exigences de jugement et le besoin de justice. C'est parce que le royaume des cieux est une réalité historique que nous ne pouvons entrer dans cet espace sacré tels que nous sommes. La justice de Dieu, avec tout ce que cela suppose en termes d'éradication du mal, est ce qui fait de cet événement du salut un fait événementiel bien réel et pas juste un concept théologique ou un agréable sentiment pieux. De façon significative, l'événement du jugement eschatologique a été situé dans le cours de l'histoire humaine en lien avec l'événement de la croix ; ils appartiennent à la même ligne prophétique, et sont tous deux soumis à la même rigueur des nombres, depuis les soixante-dix semaines prophétiques aux deux mille trois cent soirs et matins (Dn 8-9). Ces deux idées théologiques, à savoir la dimension cosmique future du salut et le jugement eschatologique sont, je crois, les contributions théologiques les plus importantes que les adventistes du septième jour ont apportées au monde. Ce sont les plus impopulaires ; parce que plus que toute autre idée, elles font du salut un événement réel et non un concept théologique flou qui nous divertit.

---

[5] Ellen White, Manuscript 15, 1896, dans *Messages Choisis*, vol. 2. p. 443.
[6] *Advent Review and Sabbath Herald* (8 octobre 1861).

« *Adventiste* » dans « *septième jour* ». Notre eschatologie ne doit pas rester distante et déconnectée de la réalité de notre existence. Notre eschatologie doit faire partie de notre vie présente. Une illustration de ce principe est la manière dont Daniel emploie l'expression qui définit le mieux notre espoir eschatologique, « la fin des jours » (Dn 12.13), pour indiquer un moment spécifique de sa vie (Dn 1.18), un marqueur linguistique que sa vie a été imprégnée et affectée par son espérance eschatologique. Le lien littéraire entre la section historique de son livre (Dn 1-6) et la section prophétique/eschatologique (Dn 7-12) peut être vu comme une évidence du même lien entre l'eschatologique et l'existentiel / historique. Dans une perspective plus globale, le livre de Daniel décrit les répercussions de l'espérance sur les vies et les émotions du peuple eschatologique : « Heureux celui qui attendra et qui parviendra à mille trois cent trente-cinq jours ! » (Dn 12.12). De même, dans le livre de l'Apocalypse, le peuple eschatologique qui proclame le message du jugement et de création dans leur vie et dans leur message sont sur la terre le signe du Jour du Jugement céleste, jour antitypique des expiations (Ap 14.6 ; Dn 7). Notre foi adventiste devrait informer et contrôler notre parcours de vie concret, l'histoire de notre vie. Cela signifie que notre éthique, la manière d'être en lien les uns avec les autres, la façon de nous pardonner mutuellement, notre manière de manger et de boire, notre façon de travailler et la manière dont nous opérons nos choix devraient en être inspirées et être nourries par notre eschatologie. L'avenir devrait régir notre présent.

Témoignages bibliques pour adventiste / septième jour. Il est intéressant de noter que cette tension déchiffrée dans le nom : « Adventiste du septième jour » se trouve dans les Ecritures, comme les exemples suivants en témoignent :

1. La structure canonique : la Bible commence avec la création (Gn 1.1-2.1) et s'achève avec la venue du Seigneur (Ap 22.20). L'Ancien Testament atteste la même structure canonique, qui débute avec le récit de la création (Gn 1-2) et se termine avec la venue du jour du Seigneur (Ml 3.24) ou avec l'espoir du retour de l'exil babylonien lors de l'année sabbatique (2Chr 36.21-23). Au cas où quelqu'un serait tenté de croire que cette observation littéraire serait une idée tirée par les cheveux émanant de l'auteur de cet article, je dois renvoyer au célèbre théologien vétérotestamentaire, Claus Westermann qui, avant moi, a fait remarquer cette coïncidence canonique et en déduit sa portée sur le « message central » de la Bible[7].

2. Le modèle structurel des Ecritures : il est intéressant de noter que ce modèle structurel est attesté ailleurs dans les Ecritures.

---

[7] Claus Westermann, *Beginning and End of the Bible*, Philadelphie, Fortress Press, 1972, p. 33, 37.

Le livre de la Genèse commence avec la création et s'achève avec la perspective de la terre promise, l'espérance de la résurrection et du jardin d'Eden restauré (Gn 50.24-26). De même, le Pentateuque commence avec la création et s'achève avec la même perspective de la terre promise et l'espérance de la résurrection (Dt 34.4-6).

Le livre d'Isaïe commence avec un appel à témoin du ciel et de la terre, associé à l'image de Dieu nourrissant Israël (Is 1.2) et s'achève avec la création de nouveaux cieux et une nouvelle terre et la perspective d'une adoration éternelle du Seigneur de sabbat en sabbat (Is 66.22, 23).

Le livre de l'Ecclésiaste commence avec la création (Ec 1.1-11) et se termine par le jugement eschatologique (Ec 12.13).

Le livre de Daniel commence avec une épreuve alimentaire qui fait allusion à la création (Dn 1.12 ; cf. Gn 1.29) et finit avec la seconde venue, le jour de la résurrection « à la fin des jours » (Dn 12.13).

L'évangile de Jean commence avec la création (Jn 1.1-10) et s'achève avec la promesse de la seconde venue (Jn 21.22, 23).

3. La définition de la « foi » d'Hébreux 11.1. Il est significatif que la seule définition biblique de la foi soit fondée sur l'association des deux mêmes pôles : « Or la foi, c'est la réalité de ce qu'on espère » (Hé 11.1a ; référence à l'espérance du royaume de Dieu, cf. Hé 11.40), « l'attestation de choses qu'on ne voit pas » (Hé 11.1b ; référence à la création, cf. Hé 11.3). Notons que le poème commence avec la création (Hé 11.3) et s'achève avec la promesse du royaume (Hé 11.39).

Tous ces exemples, et il y en a probablement davantage, mettent en évidence la tension « septième jour / adventiste » inscrite dans les Ecritures. Cette tension n'est donc pas simplement un argument apologétique pour étayer la justesse du message adventiste ; elle n'est pas uniquement fondée sur des textes, preuves tirées ça et là des Ecritures, elle est profondément intégrée dans la structure de l'ensemble des Ecritures. Une des leçons de ces pôles du texte inspiré concerne la façon dont nous examinons les Ecritures. Témoigner de ces pôles des Ecritures, son début et sa fin, qui est un mérisme, signifie que nous devons témoigner de la totalité des Ecritures. Cela exige une lecture équilibrée de la totalité des Ecritures (Ancien et Nouveau Testament). Bien que les textes apocalyptiques méritent de retenir notre attention, à cause de notre identité et de notre mission spécifiques comme témoins des derniers temps, nous ne devons pas négliger tout le reste de la révélation biblique. Nous devons également nous sentir concernés par les impératifs de la Torah ; réfléchir et poser des questions avec les sages de la littérature sapientiale ; nous réjouir de la poésie biblique ; être éthiques avec les prophètes du huitième siècle ; être émus par les vérités paradoxales du Sermon sur la montagne ; être dérangés par les pressantes exhortations de l'épître de Jacques et être mis au défi par les difficultés des épîtres pauliniennes.

Conclusion : L'identité de la tension

La reconnaissance de l'« identité adventiste » comme une identité en tension implique que nous devons apprendre à penser les deux pôles de notre identité non comme des entités en conflit, l'une contre l'autre, ou même en conciliation, l'une à côté de l'autre, mais en tension, l'une *avec* l'autre. Je ne suggère pas une approche philosophique, dialectique qui déboucherait sur une espèce de synthèse entre les deux ; je ne suggère pas non plus une approche politique, une voie médiane qui aboutirait à une sorte de compromis entre les deux. Les deux dimensions, j'en suis persuadé, doivent être adoptées ensemble et entièrement, parce que ce sont deux catégories de la Révélation. Les adventistes du septième jour qui mettent l'accent sur la composante « adventiste » aux dépens de la partie « septième jour » penchent vers l'aile droite de l'Eglise et courent le risque de dévaloriser leur lien avec les hommes et la terre. De l'autre côté les adventistes qui mettent l'accent sur la composante « septième jour » au dépend de la partie « adventiste » penchent vers l'aile gauche de l'Eglise et courent le risque de dévaloriser leur lien avec le religieux et le surnaturel. Ce qui fait le caractère distinctif du message des adventistes du septième jour est ce qui amène les deux dimensions en tension dans un même accent. L'Eglise adventiste du septième jour ne devrait pas être définie par la droite ou la gauche ou même le centre ; elle devrait être définie par une tension, comme « adventiste du septième jour ».

Faire mémoire : une lecture dynamique de l'histoire de l'Eglise adventiste

Richard Lehmann[1]

Se souvenir du passé est une caractéristique bien adventiste puisqu'un des éléments de notre identité adventiste est de nous souvenir du jour du repos de Dieu, du sabbat. Plus de 260 fois la Bible fait mention de l'action qui consiste à faire mémoire.

Ellen White aussi met au centre de notre cheminement un appel à se souvenir. Elle tient des propos souvent cités : « Nous n'avons rien à craindre de l'avenir, si ce n'est d'oublier la manière dont le Seigneur nous a conduits, et l'enseignement qu'il nous a donné dans le passé[2]. » En disant cela, Ellen White s'inscrit parfaitement dans la ligne prophétique car la Bible est une histoire du peuple de Dieu dont nous devons garder le souvenir pour en tirer enseignement et édification.

Mais, cette évocation du passé a conduit certains à s'ancrer à une époque donnée du passé, aux origines du mouvement adventiste. Ils veulent revenir aux croyances et aux pratiques de cette époque et ils les considèrent comme les seules vraies, les seules justes.

Notons cependant qu'Ellen White n'évoque pas un moment précis où une révélation aurait été donnée de façon définitive, mais un cheminement, un enseignement qui s'inscrit dans une histoire. La meilleure façon d'examiner le

---

[1] Richard Lehmann, Docteur ès sciences religieuses, est professeur émérite en théologie systématique et en Nouveau Testament de la Faculté adventiste de théologie, à Collonges-sous-Salève (France).
[2] Dans le neuvième volume de ses *Témoignages*, les administrateurs des publications d'Ellen White s'en servent pour appeler à suivre, comme dans le passé, les conseils d'Ellen White. *Testimonies for the Church*, vol. 9, Mountain View, Pacific Press Publishing Association, 1948, p. 10, texte repris de *Life Sketches of Ellen G. White*, Mountain View, Pacific Press Publishing Association, 1915 (1943), p. 196.

sens de cette déclaration est de considérer cette histoire passée et d'examiner « la manière dont le Seigneur nous a conduits dans le passé ».

Sur le plan administratif

Après la déception de 1844, les millérites ont continué à attendre le retour proche de Jésus. Rejetés par les Eglises dont ils faisaient partie, ils ont constitué ce qu'ils ont appelé « le reste de la grande déception ».

Leur attente était si vive, qu'il n'était pas envisageable, à leurs yeux, de créer une nouvelle Eglise. La thèse de départ était celle de George Storrs, selon laquelle toute Eglise « devient Babylone à partir du moment où elle s'organise[3] ». L'unité doit se vivre dans des assemblées générales qui, à l'époque, ne rassemblaient que 30 à 40 personnes. En 1860, Roswell Cottrell, coéditeur de l'*Advent Review and sabbath Herald*, prétendait que « ce serait une erreur de vouloir 'se faire un nom' car cela est au cœur de la fondation de Babylone. Je ne pense pas que Dieu l'approuverait[4] ».

Pour maintenir le lien entre les diverses communautés millérites adventistes et trouver de nouveaux adeptes, James White, sur la suggestion de sa femme, publia des brochures (*The Present Truth*) sur le message des trois anges. Puis il créera l'*Advent Review and Sabbath Herald*, le *Youth Instructor*, et en 1850, le *Bible Instructor* (Ecole du sabbat). Cette activité fit passer en deux ans le nombre des membres, de 200 à plus de 2000. Pour la soutenir on ouvrit en 1855 une imprimerie à Battle Creek[5].

Une identité juridique s'avéra indispensable pour gérer les Eglises nouvelles et l'imprimerie. En 1860 une association légale sera donc créée pour être reconnue par l'Etat du Michigan sous le nom d'Eglise adventiste du septième jour.

De plus, trois problèmes concrets sont très vite apparus : (1) Comment identifier les pasteurs ou prétendus tels ? (2) Comment financer leur activité ? (3) Comment acquérir des propriétés sans identité légale ? Ellen White, originaire de l'Eglise méthodiste épiscopale, la plus organisée de l'époque, était sensible aux deux premiers points et à l'organisation de l'Eglise. Le troisième élément fut déterminant pour la création d'une association reconnue. Pour répondre à toutes ces questions pratiques, à l'encontre des questions de principes évoquées par certains, une grande assemblée eut lieu en mai 1863 et

---

[3] George Storrs, « Come out of her, my people », *The Midnight Cry*, 15 fevrier 1844, p. 6.
[4] Roswell Cottrel, « Making us an name », *Advent Review and Sabbath Herald*, 22 mars 1860, p. 140-141.
[5] Cf. George Knight, *A Brief History of Seventh-day Adventists*, Hagerstown, Review and Herald, 1999, p. 55-58.

adopta une organisation formelle et le nom d'Adventiste du septième jour. L'Eglise adventiste est ainsi officiellement née avec 3500 membres et 30 prédicateurs environ.

Cette « installation » dans le monde s'est faite dans la douleur. Le Seigneur a dû conduire les premiers adventistes à changer de point de vue sur le retour de Jésus. Ils sont passés d'un retour immédiat, à un retour imminent puis à un retour proche. Après avoir déclaré que toute Eglise est Babylone, ils ont créé une Eglise afin de s'inscrire dans le temps. Le Seigneur les a conduits pour que surgisse la réalité de l'Eglise que nous connaissons aujourd'hui.

Les premiers adventistes ont manifesté de grandes qualités de changement et d'adaptation. En particulier au niveau de l'évangélisation.

Sur le plan de l'évangélisation

En 1844, la conviction du proche retour de Jésus et de la fin du monde était telle que certains ont quitté leur emploi, d'autres ont abandonné leurs récoltes. La venue du Christ était attendue dans l'immédiat.

James White en 1844 pensait que le Seigneur reviendrait si tôt qu'on ne devait pas se marier. Dans le *Day Star* d'octobre 1844, il écrit : « Un couple adventiste qui a annoncé ses plans de mariage a renié sa foi. C'est un piège du diable. » Deux ans plus tard, il épousera Ellen Harmon. Sa conception de l'eschatologie aura changé.

Impressionnés par la parabole des dix vierges, les adventistes se percevaient comme les vierges sages, et considéraient les autres comme les vierges folles venues trop tard. La porte du salut était maintenant fermée[6].

Puisque la fin du monde était là, selon Matthieu 24.14, c'est que l'Evangile avait été prêché au monde entier. Il était donc inutile de l'annoncer[7]. Mais des croyants se sont convertis au message des trois anges alors qu'ils n'en n'avaient pas eu connaissance précédemment. Que faire ? La porte était-elle encore ouverte ? Entre-ouverte ?

Il fut décidé d'admettre les demandeurs mais un de nos pionniers, Uriah Smith, défendit l'idée qu'il ne faut pas prêcher le message en-dehors des Etats-Unis, la

---

[6] Borge Schantz, *The Development of Seventh-day Adventist Missionary Thought: Contemporary Appraisal*, Thèse, Pasadena, Fuller Theological Seminary, Juin 1983, p. 212-218.
[7] *Ibid.*, p. 234-235. Voir Gerard Damsteegt, *Foundations of the Seventh-day Adventist Message and Mission*, Grand Rapids, Eerdmans, 1977, p. 50-53.

nation américaine étant composée de gens de presque toutes les nations. Matthieu 24.14 était réalisé[8].

Michael Bonaventura Czechowski, un adventiste polonais émigré aux Etats-Unis, demanda, en 1864, à évangéliser l'Europe. On le lui refusa. Il s'y rendit cependant, soutenu par des adventistes observateurs du dimanche et partagea en Suisse et ailleurs le message des adventistes du septième jour[9].

A la suite des travaux de Czechowski et de la diffusion des publications, des appels viendront d'Europe et de nombreux continents. Il faudra élargir la vision. On en rit aujourd'hui, mais en 1868, une entreprise considérée alors comme aventureuse est engagée : celle d'envoyer deux missionnaires dans la lointaine… Californie. Six ans plus tard, enfin, en 1874, John Andrews sera envoyé en Suisse pour répandre le message en Europe. Il sera encore longtemps une exception. Dans les 30 années suivantes, l'Eglise sera poussée à s'installer sur tous les continents, surtout dans les pays industrialisés, car l'évangélisation se faisait surtout par ce que l'on appelait « la page imprimée ».

Il faut imaginer ce qui s'est passé dans le cœur de ceux qui ont cru que le Christ reviendrait en 1844, puis peu après, qui ont vendu tous leurs biens, qui ont ensuite cru qu'une fois l'Amérique avertie, le Christ reviendrait. Puis ils ont vu l'Eglise s'installer dans le monde, des missionnaires partir au loin. Que n'avaient-ils pas dit à leurs voisins et sur lequel ils devaient revenir ? Le changement de mentalité s'est fait difficilement.

Quand, en 1905, le président de la Conférence générale fera part de son intention d'envoyer de nombreux missionnaires, il sera accusé d'hérésie. Et il faudra attendre les années 1920-30 pour que l'on se décide à évangéliser les territoires en voie de développement, comme l'Afrique, là où les catholiques et les protestants nous avaient précédés, au point que les missionnaires adventistes seront appelés « des voleurs de brebis ».

De nouveaux défis sont apparus. Les premiers adventistes étaient surtout d'origine campagnarde. Mais au début du XXe siècle, les villes se sont développées de façon exponentielle. Il a fallu s'ajuster à l'évangélisation des grandes villes. Avec l'élévation du niveau des études, il a fallu élever aussi le niveau de formation des pasteurs et créer des universités. Aujourd'hui, dans un monde sécularisé, plus tourné vers les philosophies orientales que vers un

---

[8] Borge Schantz, *op. cit.*, p. 239.
[9] *Ibid.*, p. 257-259 ; Rajmund Dabrowski, « The Forerunner : M. B. Czechowski » in Harry Leonard (éd.), *J. N. Andrews. The Man and the Mission*, Berrien Springs, Andrews University Press, 1985, p. 190-199.

besoin de salut, plus ouvert à du vécu qu'à l'acquisition de connaissances, un nouvel angle d'approche de l'évangélisation s'avère nécessaire.

La façon dont le Seigneur nous a conduits dans le passé a été, comme pour l'Eglise primitive, de nous placer devant de nouveaux défis, de modifier nos paramètres, même sur le plan théologique. Se souvenir du passé, ce n'est pas revenir en arrière, mais voir comment le Seigneur nous a amenés à sortir de nos cadres pour faire avancer le message du salut.

Sur le plan théologique

Les premiers adventistes partageaient la foi des Eglises dont ils étaient issus. Ils étaient baptistes, méthodistes surtout, et de différents autres courants tels que la *Christian Connexion* dont était James White. Leur état d'esprit était inclusiviste. Tous étaient acceptés avec leurs convictions d'origine. Ils étaient regroupés autour de 5 doctrines nouvelles :

1. Le retour de Jésus doit avoir lieu avant le millénium et non après.
2. L'événement de 1844 est celui de la purification du sanctuaire céleste et le début du jugement investigatif.
3. Le don de prophétie est manifesté en la personne d'Ellen White.
4. L'observation du sabbat est une obligation conforme à la déclaration d'Apocalypse 12.17.
5. L'immortalité de l'homme n'est pas naturelle, mais conditionnée à son acceptation de Jésus comme Sauveur.

Leur message commun tournait autour de celui des trois anges d'Apocalypse 14. L'adhésion à ces croyances n'était pas facile.

Qu'une jeune fille de 17 ans prétende avoir des enseignements venant directement du ciel ne suscitait pas immédiatement l'adhésion. Abandonner l'idée de l'immortalité de l'âme n'était pas évident. Expliquer le sanctuaire céleste était pour le moins original, pour le plus ridicule.

Mais comme l'écrit Ellen White en 1892 :

> « Nous avons beaucoup de leçons à apprendre, et beaucoup, beaucoup, à désapprendre... Dieu et le ciel sont seuls infaillibles. Ceux qui pensent qu'ils n'auront jamais à abandonner un point de vue qu'ils chérissent, n'auront jamais

à changer d'opinion, seront déçus. Tant que nous tenons à nos idées avec détermination, nous ne trouverons pas l'unité pour laquelle Jésus a prié[10]. »

Prenons pour exemple la doctrine de la Trinité. Au début du mouvement, les avis les plus divers étaient partagés sur la Trinité, un élément de croyance qui ne faisait pas encore partie de nos fondements. Pour certains, le Christ était divin mais n'était pas éternel car engendré par le Père. Pour d'autres, il n'était ni éternel, ni divin. John Norton Loughborough pensait que le Père, le Fils et le Saint-Esprit étaient une seule et même personne[11].

L'Eglise méthodiste dont Ellen White était issue et l'Eglise épiscopale considéraient qu'« il n'y a qu'un seul vrai Dieu, éternel, sans corps ni parties ». Elles rejetaient la personnalité de Dieu. Dieu est pur Esprit.

Après la déception de 1844, certains ont déclaré que le Christ était revenu le 22 octobre, non pas littéralement mais spirituellement. James White s'est opposé à eux car, pour lui, Dieu est une personne.

Là-dessus est venu se greffer l'enseignement du Dr Kellogg, fameux inventeur des *cornflakes*. Il propageait un enseignement panthéiste. Dieu était pour lui une force partout présente dans la nature.

Ellen White se montra préoccupée par la question[12]. A deux reprises, en vision, elle interroge Jésus sur la personne de son Père.

> « Je vis un trône, et sur ce trône était assis le Père et le Fils. J'admirais le visage de Jésus et sa personne adorable. Mais je ne pouvais voir le Père, car une nuée glorieuse le couvrait. Je demandais à Jésus si le Père avait la même forme que lui ; Il me répondit par l'affirmative[13]. »
>
> « Il [Jésus] est en égalité avec le Père[14]. »

Dieu n'était donc pas pur Esprit, et le Père et le Fils étaient deux personnes et non deux modes d'expression de la divinité. En 1888, avec d'autres, Ellen White exprime la pleine divinité du Christ : « Si les hommes rejettent le témoignage

---

[10] Ellen White, « Search the Scriptures, » *Advent Review and Sabbath Herald*, 26 juillet 1892, § 7. Même la très conservatrice Eglise catholique romaine admet le changement. Le pape François à propos de l'introduction de la condamnation de la peine de mort dans le nouveau catéchisme catholique déclare : « La doctrine est amenée à progresser et la parole de Dieu ne peut être conservée dans de la naphtaline » (« Pourquoi le Pape a-t-il canonisé un Français inconnu ? », *Paris Match* 3570, 19-25 octobre 2017, p. 37). Voir aussi Jean-François Chiron, « Les répercussions de la Réforme dans l'Eglise catholique romaine, » *Signes des Temps* 1639, sept–oct 2017, p. 16-19.
[11] Pour plus de détails sur le sujet, voir Jerry Moon, « The Adventist Trinity Debate, part 1: Historical Overview, » *Andrews University Seminary Studies* 41 (2003/1), p. 113-129.
[12] Jerry Moon, « The Adventist Trinity Debate, part 2: The Role of Ellen G. White, » *Andrews University Seminary Studies* 41 (2003/2), p. 275-292.
[13] Ellen White, *Premiers écrits*, Mountain View, Pacific Press Publishing Association, 1962. p. 54.
[14] Ellen White, *Christ and His Righteousness*, Oakland, Pacific Press, 1890, p. 19.

des Ecritures inspirées concernant la divinité du Christ, il est vain de discuter de ce sujet avec eux[15]. »

Bref, la nécessité s'est fait sentir d'une déclaration de foi commune. On rejeta l'approche traditionnelle de la Trinité fondée sur des présuppositions philosophiques pour une conception plus biblique, formulée déjà par Uriah Smith en 1872 selon laquelle il y a un seul Dieu en trois personnes, Père, Fils et Saint-Esprit. Puis en 1931 la déclaration devint officielle[16], influencée par la déclaration d'Ellen White selon laquelle « en Christ réside la vie, une vie originelle, non empruntée, et qu'il ne tient de personne »[17]. Ou encore : « Nous devons prendre conscience du fait que le Saint-Esprit, qui est une personne tout comme Dieu lui-même, se trouve en ces lieux[18]. » « Il est aussi de toute évidence une personne divine[19]. »

Revenir à la foi des pionniers, ce serait revenir à la confusion et à la diversité d'opinions qui a régné à cette époque. Ce serait aussi refuser de soumettre sa foi personnelle à l'examen en commun des enseignements scripturaires. Ellen White affirme en 1892 :

> « Il n'y a aucune excuse pour personne à soutenir qu'il n'y a pas d'autre vérité qui doit être révélée, et que toutes nos explications de l'Ecriture soit sans aucune erreur. Le fait que, pendant des années, certaines doctrines ont été tenues pour la vérité par nos membres, n'est pas une preuve que nos idées sont infaillibles. L'âge ne transforme pas l'erreur en vérité et la vérité ne craint pas d'être mise en question[20]. »

Ainsi donc, avec le temps, nous avons progressé dans notre organisation, adapté notre perception et nos méthodes d'évangélisation, développé nos croyances.

En 1931, nous avions 22 croyances fondamentales, en 1980, nous en avons voté 27, en 2005, nous en avons ajouté une 28ème portant sur la crainte éprouvée par certains croyants à l'égard des esprits démoniaques, et chaque Conférence générale est l'occasion d'une réécriture des formulations de notre foi.

---

[15] Ellen White, *The Great Controversy between Christ and Satan*, Washington, Review and Herald, 1888, p. 524.
[16] Pour une approche de la théologie adventiste sur ce thème, voir : Fernando Canale, « Doctrine of God, », dans Raoul Dederen (éd.), *Handbook of Seventh-day Adventist Theology*, Hagerstown, Review and Herald, 2000, p. 105-159 ; Kwabena Donkor, *God in 3 Persons*, Biblical Research Institute Release – 9, May 2015.
[17] Ellen White, *Jésus-Christ*, Dammarie les Lys, Signes des Temps, 1975, p. 526.
[18] Ellen White, *Evangéliser*, Dammarie les Lys, Vie et Santé, 1986, p. 551.
[19] *Ibid.*
[20] Ellen White, *Counsels to Writers and editors. A Grouping of Messages of Counsel Addressed to Writers and Editors by Ellen G. White*, Nashville, Southern Publishing Association, 1946, p. 35. Dans son livre, *En quête d'identité. Les grandes étapes de l'histoire des croyances de l'Eglise adventiste* (Dammarie-les-Lys, Vie et Santé, 2008), George Knight donne d'autres références du même type à la page 27.

Oui, « nous n'avons rien à craindre de l'avenir, si ce n'est d'oublier la manière dont le Seigneur nous a conduits, et l'enseignement qu'il nous a donné dans le passé ». Au regard de ces paroles, il nous appartient de nous interroger sur nos méthodes d'évangélisation, sur nos fonctionnements administratifs, sur notre foi, pour sans cesse les soumettre au jugement de l'Ecriture et… du bon sens.

Ellen White déclare : « Il nous faut être conduits par une véritable théologie et par le bon sens[21]. » Elle dit encore : « Dieu désire que nous ayons du bon sens, et que nous raisonnions avec bon sens. Les circonstances modifient les perspectives. Les circonstances changent les rapports entre les choses[22]. »

Nous appartenons à un mouvement. L'actualité politique m'empêche de dire à un mouvement « En Marche ». Mais nous ne sommes pas statiques. Nous avons pu établir de solides fondements de foi et d'action. L'avenir n'est pas dans le passé mais devant nous. Nous sommes plus près du retour de Jésus que ne l'ont été nos prédécesseurs. Le temps n'est pas aux querelles, aux conflits d'égos, mais à une recherche de la conduite de l'Esprit. Le Dieu que nous servons est amour, c'est-à-dire un Dieu de vie, de relation, de communication, de partage.

---

[21] Ellen White, *Mind, Character, and Personality*, vol. 1, Nashville, Southern Publishing Association, 1977, p. 148.
[22] Ellen White, *Selected Messages*, vol. 3, Washington, Review and Herald Publishing Association, 1980, p. 217.

La prudence de Jésus et des apôtres face aux autorités romaines

Rivan Dos Santos[1]

Jamais, dans l'histoire des civilisations avant la conversion puis le baptême de l'empereur romain Constantin (272-337), un empire du bassin méditerranéen n'avait changé officiellement de religion, et cela sans aucune lutte armée. On connaîtra par la suite, aussi bien en ce qui concerne l'avancée du christianisme que celle de l'islam, par exemple, des peuples ou des royaumes qui vont changer de religion. Mais rien ne se compare à ce que le christianisme a réussi au sein du plus puissant empire ancien autour de la Méditerranée : un changement de religion officielle sans aucun combat armé[2]. Le changement de religion dans l'Empire romain a été un véritable phénomène.

Le grand historien anglais, Edward Gibbon, dans sa magistrale *Histoire du déclin et de la chute de l'Empire romain*[3], qui a influencé la pensée de générations d'historiens, présente les cinq causes qui, selon lui, expliquent l'accroissement du christianisme : un zèle inflexible, la doctrine d'une vie future, le don des miracles de l'Eglise primitive, une morale pure et austère et l'union et la discipline de la république chrétienne, en d'autres termes la participation des croyants aux affaires de l'Eglise.

---

[1] Rivan Dos Santos, Docteur en histoire, est professeur d'histoire et d'archéologie à la Faculté adventiste de théologie de Collonges-sous-Salève (France).
[2] Aucune source historique n'a encore été trouvée qui montre des combats armés entre chrétiens et les autorités romaines durant les premiers siècles du christianisme. En 311, juste avant sa mort, l'empereur Galère décrète la fin des persécutions contre les chrétiens et selon l'écrivain Lactance (250-325) dans son ouvrage *De la mort des persécuteurs*, XXXIII et XXXIV, cet empereur aurait même demandé aux chrétiens de prier pour lui et pour l'Empire. En 312, Constantin, par une vision qui annonçait sa victoire contre son rival par la grâce de Jésus, aurait été converti et en 313, l'édit de Milan a reconnu la liberté de culte aux chrétiens et le retour des biens confisqués à l'Eglise.
[3] Paris, Robert Laffont, 1987, p. 327-366. Œuvre terminée en 1787.

Sans vouloir contester la validité de ces propositions, nous présentons ici une autre raison qui semble également très importante pour expliquer le succès du christianisme dans l'Empire romain. Il s'agit de la façon avec laquelle Jésus s'est mis en relation avec Rome, dans un premier temps par une politique d'approximation et ensuite par une politique d'intégration de Romains d'influence dans son mouvement. Nous chercherons des éléments de réponse au tout début du mouvement que l'on appellera par la suite *christianisme*, dans le ministère de Jésus et sa suite immédiate, le ministère de ses apôtres, instruits par lui.

Avant (et juste après) le ministère de Jésus : une politique de confrontation

Depuis la présence gréco-macédonienne en Palestine, à la suite des conquêtes d'Alexandre le Grand au IVe siècle av. J.-C., et surtout en réaction à la dure politique de certains rois de la région[4] et la conquête romaine en 63 av. J.-C. par Pompée, la pensée des nationalistes juifs était que la venue du royaume de Dieu se ferait par la violence politique[5]. Il s'est créé, surtout au sein du peuple ordinaire plus que du côté des élites, un climat de défense dans la culture juive et une résistance à toute inculturation. Cette vision d'un combat armé contre l'occupant va aboutir aux grandes révoltes des années 66 à 73 et 135 ap. J.-C., où la civilisation juive en Palestine va pratiquement disparaître, jusqu'après la seconde guerre mondiale, en 1948, avec le retour et l'implantation de l'Etat d'Israël.

Avant la conquête de la Palestine par les Romains en 63 av. J.-C., les Juifs avaient une certaine admiration et de l'espoir vis-à-vis de Rome, qui pouvait les délivrer du pouvoir des rois hellénistiques. Après la déception de cette époque, toute une littérature ouvertement anti-romaine fait son apparition[6]. L'historien juif Flavius Josèphe et des textes du Nouveau Testament mentionnent quelques-uns de ces mouvements qui agitèrent la Palestine à l'époque de Jésus. Nous en

---

[4] Surtout à l'époque de la Révolte des Maccabées, 175-140 av. J.-C.
[5] Cette pensée a été particulièrement forte en Galilée. Le terme « Galiléen » est même devenu synonyme de Juifs qui se reconnaissent dans l'idéal politique de révolte contre Rome, comme nous le verrons plus loin. De même le mouvement des Zélotes, qui voulait renverser autant l'occupant Romain que les Juifs collaborateurs. Xavier Livieils, *Contra Christianos : la critique sociale et religieuse du christianisme des origines au concile de Nicée (45-325)*, Berlin, Walter de Gruyter, 2007, p. 138.
[6] Mireille Hahas-Lebel, *Jérusalem contre Rome*, Paris, Cerf, 1990, p. 32-33. Il est principalement question des *Psaumes de Salomon*, II, 1-2, 20, 30-31 ; les Kittim et « homme de mensonge » ou « proféreur de mensonges » des documents de Qumran, dont certains y voient des mentions aux Romains ; le troisième livre des *Oracles sibyllins* contient des oracles clairement dirigés contre Rome, v 175-179.

ferons brièvement mention, surtout de ceux originaires de Galilée, juste pour appeler l'attention sur le fait que la plupart proviennent de régions très proches d'où Jésus vivait durant sa jeunesse. De ce fait il sera important de noter comment Jésus procédera face aux autorités romaines pour justement ne pas être assimilé aux révolutionnaires galiléens.

Flavius Josèphe[7] mentionne que dès la mort d'Hérode, en 4 av J.-C., la Judée est infestée de révoltés et de « Messies » contre la domination de Rome[8]. Ce roi avait diminué les taxes d'un tiers en 20 av. J.-C. et d'un quart en 14 av. J.-C., mais à sa mort, la Judée passe sous administration directe de la province romaine de Syrie, dont le recensement de l'an 6 apr. J.-C. est organisé en vue d'un contrôle plus précis des impôts[9]. Le principal foyer de la révolte contre Rome reste la Galilée. Au début de son règne, Hérode avait lutté contre Ezéchias le Galiléen, qui harcelait la région de Tyr (B.J. I.10,5). A la mort de ce roi, Judas, le fils d'Ezéchias, se trouve parmi les trois chefs qui se proclament Messie[10]. Josèphe mentionne de toute évidence un autre Judas Galiléen, qui se trouve à la tête d'une révolte en 6-7 ap. J.-C. contre Coponius, surtout pour la question du paiement des impôts à Rome et du respect dû à l'autorité de l'empereur[11]. Josèphe le considère même comme étant à l'origine d'une « quatrième philosophie », fondée sur la violence, qui constituerait les « racines des maux qui sévirent plus tard »[12]. La

---

[7] Flavius Josèphe, *Guerres des Juifs*, (*De Bello judaico*) sera présenté comme B.J. et *Antiquités judaïques* comme A.J.
[8] Le reste du pays était aussi plein de troubles, et l'occasion faisait surgir de nombreux prétendants à la royauté (B.J. II.4,1).
[9] Maurice Sartre, *Le Haut Empire romain*, Paris, Seuil, 1997, p. 350.
[10] « A Sepphoris de Galilée, Judas, fils de cet Ezéchias qui jadis avait infesté le pays à la tête d'une troupe de brigands et que le roi Hérode avait capturé, réunit une multitude considérable, saccagea les arsenaux royaux, et après avoir armé ses compagnons, attaqua ceux qui lui disputaient le pouvoir » (B.J. II.4,1).
« Il y avait aussi un certain Judas, fils d'Ézéchias, le redoutable, chef de brigands qui n'avait été pris par Hérode qu'avec les plus grandes peines. Ce Judas, réunit autour de Sepphoris en Galilée une troupe de désespérés et fit une incursion contre le palais royal : s'étant emparé de toutes les armes qui s'y trouvaient, il en équipa ceux qui l'entouraient et emporta toutes les richesses qu'il avait recueillies en cet endroit ; il terrorisait tout le voisinage par ses razzias et ses pillages, visant à une haute fortune et même aux honneurs de la royauté, car il espérait parvenir à cette dignité non par la pratique de la vertu, mais par l'excès même de son injustice » (A.J. XVII.10,5).
[11] « Un Galiléen, du nom de Judas, excita à la défection les indigènes, leur faisant honte de consentir à payer tribut aux Romains et de supporter, outre Dieu, des maîtres mortels. Ce sophiste fonda une secte particulière, qui n'avait rien de commun avec les autres » (B.J. II.8,1). Coponius fut le premier gouverneur de la province de Judée, entre 6 et 9 ap. J.-C.
[12] Les trois autres étant les pharisiens, les sadducéens et les esséniens (A.J., XVIII.1,10).

fin de cette révolte est racontée par Luc dans les livres des Actes des Apôtres 5.36-37[13].

Dans la Pérée, « l'un des esclaves royaux de haute taille nommé Simon, ceignit le diadème et courait le pays avec des brigands qu'il avait rassemblés ». Il finit par mourir entre les mains des Romains (B.J. II.4,2). Il y a eu aussi un certain Athrongéos ; « on vit un simple berger aspirer au trône », avec l'appui de ses quatre frères et une bande d'hommes armés « parcourant la montagne ». Lui aussi, « ceignit le diadème ». « Ils s'appliquaient surtout à tuer des Romains et des gens du roi »[14]. Cette agitation a continué pendant les premières années de l'Eglise. Selon Josèphe, à l'époque de l'empereur Néron, « des individus vagabonds et fourbes, qui ne cherchaient que changements et révolutions sous le masque de l'inspiration divine, poussaient la multitude à un délire furieux et l'entraînaient au désert, où Dieu, disaient-ils, devait leur montrer les signes de la liberté prochaine »[15]. Josèphe mentionne également un événement présenté par le texte biblique des Actes des apôtres (21.38) :

> « Plus funeste encore aux Juifs fut le faux prophète égyptien. Il parut, sous ce nom, dans le pays, un charlatan qui s'attribuait l'autorité d'un prophète et qui sut rassembler autour de lui trente mille dupes. Il les amena du désert, par un circuit, jusqu'à la montagne dite des Oliviers ; de là, il était capable de marcher sur Jérusalem et de s'en emparer de force, après avoir vaincu la garnison romaine, puis d'y régner en tyran sur le peuple avec l'appui des satellites qui l'accompagnaient dans son invasion. Cependant, Félix devança l'attaque en marchant à sa rencontre avec la grosse infanterie romaine ; tout le peuple prit part à la défense. Dans le combat qui s'engagea, l'Égyptien prit la fuite avec quelques compagnons ; beaucoup d'autres furent tués ou faits prisonniers ; le reste de la foule se dispersa et chacun alla se cacher chez soi » (B.J. II.13,5).

Nous avons encore un texte de Josèphe, à la suite de celui évoqué ci-dessus, qui nous montre le climat qui existait en Palestine du fait de l'existence de groupes s'opposant aux Romains, et cela à toutes les époques, même si ici l'historien juif parle de la grande révolte de 66 à 73.

> « A peine ce mouvement réprimé, l'inflammation, comme dans un corps malade, reparut sur un autre point. Les imposteurs et les brigands se réunirent pour entraîner à la défection et appeler à la liberté un grand nombre de Juifs, menaçant de mort ceux qui se soumettaient à la domination romaine et déclarant qu'ils supprimeraient de force ceux qui acceptaient volontairement la servitude. Répartis par bandes dans le pays, ils pillaient les maisons des principaux citoyens, tuaient les propriétaires et incendiaient les bourgades.

---

[13] On pense que la révolte a été déclenchée en lien avec la question des impôts (Maurice Sartre, *op. cit.*, p. 345 et 350 ; ou par la défense et « pour hâter la venue du royaume de Dieu » (Mireille Hadas-Lebel, *op. cit.*, p. 409-410 et 414).
[14] A.J. XVII.10,7 ; B.J. II.4, 3.
[15] Ils ont été massacrés par les Romains (B.J. II.13,4).

Toute la Judée fut remplie de leur frénésie, et de jour en jour cette guerre sévissait plus violente » (*B.J.* II.13,6).

Le ministère de Jésus : une politique d'approximation

Selon les textes bibliques, Jésus, Galiléen, a commencé son ministère autour des années 27-28 de notre ère[16], d'abord en Judée et ensuite en Galilée, un foyer opiniâtre d'opposants juifs à Rome. En l'an 21 de notre ère, Hérode Antipas, fils d'Hérode le Grand, avait bâti une ville pour servir de capitale à la Galilée, sur la rive ouest du lac. Le ministère de Jésus en Galilée s'est donc situé autour de Tibériade et d'autres villes contrôlées par les Romains[17], à une époque d'effervescence messianique et de haine contre l'occupant. Il est certain que les autorités romaines n'ont pas tardé à envoyer des gens pour contrôler les actions et les paroles de ce nouveau meneur d'hommes[18]. Cette mission de surveillance était facilitée aussi bien par la présence de militaires romains, que par celle des publicains qui travaillaient pour Rome (Lc 7.2-3 ; Mt 9.10). Ces derniers n'étaient pas du tout intéressés aux révoltes et aux désordres, car ils auraient été les premiers à y perdre, avec l'arrêt du versement des impôts lors des révoltes contre Rome. Comment Jésus s'y est-il pris pour éviter les débordements de toute cette foule disparate et intéressée aux choses matérielles et pour se faire acclamer comme le Messie et le roi qui allait les délivrer des Romains[19] ?

Jésus était certainement au courant de la méfiance avec laquelle les autorités romaines regardaient ces rassemblements de personnes autour d'un maître, car cela pouvait les amener à des complots contre l'Etat. Une affaire survenue à Rome en 186 av. J.-C., connue comme « l'affaire des bacchanales », mêlait pratiques religieuses illicites et complots politiques et sociaux. L'historien romain, Tite Live[20] raconte cette affaire qui a généré la défiance de l'administration romaine vis-à-vis de rassemblements religieux non autorisés. Un Grec avait introduit en Italie une nouvelle forme de pratique religieuse dégradante, selon les autorités romaines. L'affaire a pris une telle proportion que « l'année suivante, les consuls Sp. Postumius Albinus et Q. Marcius Philippus

---

[16] Lc 3.1-3, 21 cherche à bien préciser l'époque.
[17] Lc 4.14-16 ; Jn 4.45 ; 6.1,23 ; 21.1.
[18] Les textes bibliques mentionnent des milliers d'hommes autour de Jésus, retirés hors des villes. « Après cela, Jésus s'en alla de l'autre côté du lac de Galilée, appelé aussi lac de Tibériade » (Mc 3.20-21 ; 6.31 ; Lc 8.19). Lorsque nous savons l'aversion que Rome avait envers les rassemblements, cela est d'autant plus étonnant, par exemple dans Ac 19.40. Jésus avait des milliers de personnes autour de lui et aucun problème avec les autorités (Jn 6.1-2,10).
[19] L'espoir que Jésus de Nazareth allait les délivrer des Romains ressort de plusieurs textes, notamment par les dires de certains disciples le dimanche de la résurrection de Jésus, sur le chemin d'Emmaüs : « Nous espérions que ce serait lui qui délivrerait Israël... » (Lc 24.21a ; Jn 6.1-3 et 14-15).
[20] *Histoire romaine*, XXXIX. 8-20.

négligèrent l'organisation de leurs armées, leurs préparatifs de guerre et le gouvernement de leurs provinces pour s'occuper uniquement d'étouffer une conjuration domestique » (XXXIX.8,1). Après enquête, on a décidé qu'« avant toutes choses, on devait poursuivre ceux qui se réuniraient ou s'engageraient par des serments pour attenter à l'honneur ou à la vie des citoyens. Telle fut la substance du sénatus-consulte. Les consuls enjoignirent aux édiles curules de rechercher tous les ministres de cette religion et, lorsqu'ils les auraient arrêtés, de les tenir enfermés où ils le jugeraient à propos, afin qu'on pût les interroger. Les édiles plébéiens eurent ordre de veiller à ce qu'il ne se fît aucune cérémonie secrète » (XXXIX.14,8-9). La secte a été supprimée car les autorités craignaient, en plus des débordements sociaux, des complots contre l'Etat. Cette affaire a été le point principal des directives romaines de contrôle des rassemblements, surtout autour de religions ou de pratiques religieuses étrangères.

Jésus a exercé la plupart de son ministère en Galilée, autour du lac de Génésareth, aux environs de Tibériade. Depuis cet endroit, les autorités étaient non seulement au courant de tout ce qui se passait mais pouvaient même voir certains mouvements de foules depuis les montagnes environnantes[21]. Et pourtant, Jésus n'a jamais été importuné par Rome ou par Hérode Antipas, Tétrarque de la Galilée.

Le choix d'un publicain : Matthieu

Jésus, inspiré par Dieu, selon le texte biblique[22], au début de son ministère en Galilée, avait choisi parmi ses disciples quelqu'un qui, par sa profession, était en relation de collaboration directe avec les autorités romaines, Lévi Matthieu, un publicain (Lc 5.27-28). Ensuite, juste après son appel, Matthieu a préparé un banquet pour Jésus et là il va le mettre en contact direct avec de nombreux autres collecteurs d'impôts[23]. Dès lors, Jésus sera connu comme « ami des publicains » et il ne va pas s'en cacher car il a dit à plusieurs reprises que le royaume de Dieu comportera des publicains dans son sein[24].

Or, les publicains constituaient une classe très importante dans le dispositif romain, pour contrôler les finances mais aussi comme source d'informations de

---

[21] « Après cela, Jésus s'en alla de l'autre côté de la mer de Galilée, de Tibériade » (Jn 6.1-2,10).
[22] Lc 6.12-13. Il passe la nuit à prier et le matin il appelle douze disciples, parmi ceux qui l'accompagnaient déjà depuis quelque temps, pour rester définitivement avec lui.
[23] Jésus est traité d'ami des publicains et plus loin on nous apprend que « tous les publicains et les gens de mauvaise vie s'approchaient de Jésus pour l'entendre » (Mt 9.9-11 ; Lc 7.34). On savait alors très bien quel était le caractère de ce nouveau « chef ».
[24] Mt 21.31. Le verset 23 précise que ces paroles étaient adressées aux dirigeants religieux du peuple juif.

l'Empire[25]. Cicéron (106-43 av. J.-C.), homme politique et intellectuel romain, dans certaines de ses lettres à son frère Quintus (*Lettres à Quintus*), alors gouverneur de la province d'Asie, présente l'influence et la puissance dont les publicains jouissaient auprès des autorités romaines et en même temps la haine de la part de la population en général. Cicéron conseille à son frère de bien se tenir face aux publicains (nommés aussi « fermiers publics ») pour le succès de son administration : « [les] fermiers publics unis à nous par les relations les plus étroites » (I.1). Il montre qu'en tant que gouverneur, il est difficile de trouver le bon équilibre entre les intérêts des publicains à gagner de l'argent et des gouverneurs romains à ne pas s'aliéner les provinciaux[26].

« Je sais quels obstacles apportent les fermiers publics à vos intentions généreuses. Les heurter de front, ce serait nous aliéner l'ordre à qui nous devons le plus, briser le lien qui l'attache à nous, et, par nous, à la cause publique. D'un autre côté, en lui concédant tout, nous ruinons de fond en comble un peuple que nous sommes tenus de protéger » (I.11).

« On peut juger, par ce que souffrent nos propres concitoyens, de ce que les habitants des provinces ont à endurer de la part des fermiers publics » (I.11).

« Une fois revenus de leur antipathie pour le nom et le caractère des fermiers publics, votre adresse et votre prudence sauront bien les réconcilier avec le reste » (I. 12).

Pour Rome, l'élément le plus important pour le contrôle des provinces était tout d'abord évidemment la paix et ensuite la collecte des impôts[27]. La Judée avait commencé à payer des impôts à Rome à la suite de la conquête réalisée par Pompée en 63 av. J.-C. (A.J. XIV.4,4). A partir de 37 av. J.-C., Hérode le Grand devint roi de Judée, sous les ordres d'Antoine et d'Octave. Le roi était tenu de payer un tribut et de fournir des troupes auxiliaires[28].

Les autorités romaines ne voulant pas prélever directement les impôts auprès des provinciaux, remettaient ce travail aux publicains qui eux, riches, avançaient le montant aux autorités romaines et se chargeaient ensuite de se

---

[25] L'ouvrage de référence sur les activités des publicains reste Claude Nicolet, *Censeurs et publicains, économie et fiscalité dans la Rome antique*, Paris, Fayard, 2000.
[26] « Les publicains avaient des intérêts opposés à ceux des provinciaux et ils trouvaient sinon un appui, tout au moins une grande indulgence auprès des gouverneurs, qui étaient en relation avec eux, qui craignaient leur influence » (Johan Nicolai Madvig, *L'Etat romain : sa constitution et son administration*, Vol. 3, Paris, Vieweg, 1883, p. 62-63).
[27] Les provinces sont un *praedium populi Romani*, ce que les révoltés ont toujours compris. « Les provinces et les contrées soumises au tribut sont pour ainsi dire les terres du peuple romain » (Cicéron, *Action contre Verrès*, II.3).
[28] A.J., XIV.14,5 ; Appien, *Guerres civiles*, V.75.

faire rembourser[29]. Les publicains étaient en contact étroit et direct, non seulement avec les autorités romaines, mais également avec le peuple, et connaissaient en détail leur vie, car c'est à ce prix qu'ils pouvaient calculer l'impôt de chacun. Il nous est donc permis de penser qu'ils constituaient une source très importante d'information des activités du peuple auprès des autorités romaines.

Jésus a non seulement choisi un publicain comme disciple, mais il a aussi soutenu en quelque sorte ce genre d'activité en disant au peuple qu'il fallait payer les impôts à César[30]. Il est à noter que les trois évangiles synoptiques mentionnent ce fait et que Matthieu et Marc précisent que, pour piéger Jésus, ses ennemis ont amené avec eux des hérodiens, représentants du pouvoir en place[31]. Luc, lui, précise que le but était de surprendre Jésus afin de l'amener aux autorités. En affirmant qu'il fallait payer les impôts à César, Jésus paraissait ainsi comme un collaborateur de Rome aux yeux de nombreux Juifs, ce qui ne pouvait que plaire aux autorités romaines[32].

Le fait d'avoir choisi ses disciples parmi les Galiléens[33] et parmi eux un publicain, peut être considéré comme un premier élément très important et significatif de la relation de Jésus vis-à-vis de Rome. En choisissant un collaborateur des autorités pour ce qui concerne ce qu'il y avait de plus sensible, il montrait ainsi aux siens que son royaume n'était pas ce que l'on attendait et que tous ceux qui l'acceptaient pouvaient en faire partie. En même temps, cela envoyait un signal à l'occupant pour lui montrer qu'il ne voulait pas s'opposer à lui. Jésus, différemment des révolutionnaires, ne haïssait pas les publicains, au contraire, il faisait toujours des éloges de cette classe et affirmait qu'elle serait présente dans son royaume (Mt 21.31-32 ; Lc 7.29-30). Déjà, Jean-Baptiste, juste

---

[29] Dans les provinces romaines, « les impôts étaient levés par les autorités locales ou les fermiers publics, sous la haute responsabilité des gouverneurs et des responsables financiers de leur entourage » (François Jacques et John Scheid, *Rome et l'intégration de l'Empire (44 av. J.-C. – 260 ap. J.-C.)* ; Tome I : *Les structures de l'Empire romain*, Paris, PUF, 1990, p. 96-97).

[30] Mt 22.16-22 ; Mc 12.13-17 et Lc 20.20-26.

[31] Avant de devenir une secte au IVe s., le terme hérodien doit se référer à tous ceux qui étaient favorables à l'autorité d'Hérode, surtout les sadducéens. Voir Simon Claude Mimouni, *Le judaïsme du VIe siècle avant notre ère au IIIe siècle de notre ère*, Paris, PUF, 2012, p. 387-389 et François Blanchetière, *Enquête sur les racines juives du mouvement chrétien (30-135)*, Paris, Cerf, 2001, p. 48-49.

[32] Comme évoqué ci-dessus (voir note 11), vers 6-9 ap. J.-C., un Galiléen nommé Judas, soulève une révolte contre Rome, justement à cause des impôts. Plus tard, à l'époque de la grande révolte de 66-70, les révoltés commencent par la rétention des impôts. « Alors le roi Agrippa : Mais vos actes, dit-il, sont déjà des faits de guerre contre Rome : vous n'avez pas payé le tribut de César, vous avez abattu les portiques de la citadelle Antonia. Si vous voulez écarter de vous le reproche de défection, rétablissez les portiques et payez l'impôt ; car assurément ce n'est pas à Florus qu'appartient la citadelle, ce n'est pas à Florus qu'ira votre tribut » (*B.J.*, II,16,5).

[33] Ils seront connus comme cela longtemps après (Lc 5 ; Ac 1.11 ; 2.27).

avant le début du ministère de Jésus, avait accepté de baptiser des publicains et les avait même encouragés à continuer leurs activités, mais avec un esprit de justice (Lc 3.12-13). Quant à Jésus, il était connu comme étant « ami des publicains » (Lc 18.10-14 ; Mt 11.19 Mt 21.31-32). Les publicains écoutaient Jésus et savaient s'il parlait ou non contre Rome, comme les révolutionnaires galiléens qui l'ont précédé (Lc 15.1 ; Ac 5.36-37).

Le choix d'un chef publicain : Zachée

Lorsque Jésus fait son dernier voyage de la Galilée vers la Judée, alors qu'il sait qu'il y sera mis à mort car l'opposition y est très forte (Mt 20.18), il trouve à Jéricho un certain Zachée, un chef des publicains, un homme extrêmement riche et puissant[34]. Jésus l'appelle par son nom et s'invite chez lui en lui demandant l'hospitalité (Lc 19.5-8). A la fin du banquet, Jésus intègre Zachée dans son « royaume » en affirmant que « celui-ci est aussi un fils d'Abraham » (Lc 19.9). Luc place cette visite chez Zachée juste avant l'entrée triomphale de Jésus à Jérusalem (Lc 19.28) et il cherche à montrer que l'on pensait que le royaume messianique était sur le point d'être établi[35]. Or, juste après avoir quitté Jéricho et fait cette entrée triomphale devant les autorités romaines mobilisées pour contrôler la multitude de pèlerins durant la Pâque et aux cris de « *roi d'Israël* »[36], rien ne se passe, aucune réprimande de la part des Romains. Cela est d'autant plus étonnant que, pour des événements moindres, un autre texte biblique nous montre le danger d'une intervention romaine lors d'un rassemblement de personnes excitées. Il s'agit du cas des gens d'Ephèse qui criaient « Grande est l'Artémis des Ephésiens ! » et selon le texte, « l'agitation se répandit dans la ville entière » (Ac 19.28-29). Rien de comparable à des gens qui crient : « Que Dieu bénisse le *roi d'Israël* », alors même que le personnage en question, Jésus, accepte une telle déclaration et simule même une entrée royale triomphale. Dans le cas d'Ephèse, les autorités locales cherchent à congédier la foule justement par peur de l'intervention romaine : « Nous risquons, en effet, d'être accusés de sédition pour ce qui s'est passé aujourd'hui, puisqu'il n'existe aucun motif qui nous

---

[34] Lc 19.1-2. Depuis le IIe millénaire av. J.-C., Jéricho est connue par sa position stratégique comme carrefour de routes commerciales reliant l'Arabie à la vallée du Jourdain, jusqu'aux ports méditerranéens de la Palestine. Au Ier siècle, cinq routes importantes passaient par Jéricho. A l'Est, elle était reliée par la Route royale qui reliait Damas à l'Aqaba en passant par Petra. Une route reliait Jéricho à la Galilée par la vallée du Jourdain, en passant par la Samarie. Une autre la reliait au port d'Apollonie de Palestine, au nord de Jaffa. Une autre la reliait à Jérusalem et de là vers le sud en direction de l'Egypte. On pouvait enfin en emprunter une autre vers le sud, par Hébron et Beersheba.
[35] « Comme ils écoutaient cela, il ajouta une parabole, parce qu'il était près de Jérusalem et qu'ils imaginaient que le règne de Dieu allait se manifester à l'instant même » (Lc 19.11).
[36] Jn 12.13. Alors qu'auparavant, en Galilée, il avait décliné cet hommage d'être appelé « Roi d'Israël » selon le texte de Jn 6.15.

permette de justifier cet attroupement. Après ces paroles, il congédia l'assemblée » (Ac 19.40-41). Cette crainte d'une intervention romaine, qui pouvait détruire Jérusalem et même la nation juive, à cause de l'excitation du peuple autour de Jésus, est manifestée clairement par les autorités juives (Jn 11.47-50).

Ce texte du livre des Actes nous fournit encore un autre élément. Paul avait des amis très haut placés qui le conseillaient sur la conduite à tenir face aux autorités (Ac 19.31). Jésus avait-il ce genre de conseiller ou en avait-il besoin ? Probablement[37], mais nous savons que dans certains cas, aussi bien lui que d'autres n'ont pu tenir compte des conseils et ont dû affronter le pouvoir[38].

Dans le cas de l'entrée triomphale de Jésus à Jérusalem, on peut penser qu'elle a été possible sans l'intervention romaine et grâce à une présence de sympathisants auprès des autorités. Les publicains, sans doute consultés par les autorités romaines, leur montraient que ce maître n'était pas comme les autres et ne s'opposait pas à Rome, au contraire. Jésus avait donc de toute évidence des sympathisants très haut placés et en contact étroit avec les autorités romaines ce qui lui a permis de mener à terme son ministère. Il est très probable que ces hommes d'influence aient joué un rôle très important pour la défense de la communauté chrétienne naissante, même s'ils ne se déclaraient pas toujours ouvertement comme des disciples du Christ[39].

Jésus proche des Romains

Un autre élément important est la façon dont Jésus traitait les militaires romains. Il les considérait exactement comme son propre peuple. Jésus a guéri le serviteur d'un centenier et a fait éloge de sa foi en disant que, même en Israël, il n'a pas trouvé un foi comme celle de ce Romain[40]. Il va même plus loin en disant que des gens comme lui vont venir et s'asseoir avec les patriarches dans

---

[37] « Jésus, ayant appris que Jean avait été livré, se retira dans la Galilée » (Mt 4.12). Dans ce même sens, cf. Mc 1.14. À un autre moment, il est à nouveau informé : « A ce moment même, quelques pharisiens vinrent lui dire : Va-t'en, pars d'ici, car Hérode veut te tuer » (Lc 13.31). Il est important de souligner que si Hérode veut tuer Jésus, ce n'est pas du fait de ce que Jésus dit, mais parce qu'il croit qu'il est Jean Baptiste ressuscité, selon Mc 6.14. On peut aussi penser que les pharisiens mentent, car quand Hérode a Jésus devant lui et la possibilité de le tuer, avec le consentement de Rome, il ne le fait pas (cf. Lc 23.7-11 et 15).
[38] Par exemple, Paul, qui avait été averti à plusieurs reprises de ne pas se rendre à Jérusalem car l'opposition y était forte contre lui, décide quand même d'y aller et finit par être emprisonné (Ac 20.22-25 ; 21.4, 10-14, 31-33).
[39] Parmi ces sympathisants, nous connaissons le cas de Nicodème et de Joseph d'Arimathée, qui avaient une telle influence auprès du gouverneur romain, qu'ils ont pu disposer du corps de Jésus juste après sa mort (Jn 19.38-39).
[40] Mt 8.10,13. Selon ce texte, Jésus était « étonné » ou « émerveillé » de voir une si « grande » foi.

le royaume de son Père, alors que des enfants d'Israël seront jetés dehors[41]. Jésus est tellement en avance par rapport à la pensée juive de l'époque en ce qui concerne les relations vis-à-vis des Romains (et des étrangers en général) que même après sa résurrection, malgré les instructions particulières données à ses disciples au moment de son départ (Ac 1.3), ceux-ci ne suivent pas son exemple tout de suite (Ac 11.2-3).

Le cas du massacre de Galiléens par Pilate, dont l'histoire n'a pas conservé le registre, nous offre une autre occasion de constater comment Jésus avait l'art de se faire comprendre des Romains, ne s'opposant pas à eux et leur montrant qu'il n'était pas un révolutionnaire.

> « En ce même temps, quelques personnes qui se trouvaient là racontaient à Jésus ce qui était arrivé à des Galiléens dont Pilate avait mêlé le sang avec celui de leurs sacrifices. Il leur répondit : Croyez-vous que ces Galiléens aient été de plus grands pécheurs que tous les autres Galiléens, parce qu'ils ont souffert de la sorte ? Non, je vous le dis. Mais si vous ne vous repentez, vous périrez tous également » (Lc 13.1-3).

Il est certain que Jésus n'est pas ici en train de parler de politique ou des conséquences des révoltes contre Rome, mais il ne condamne pas l'acte de Pilate, comme certains de ceux qui l'entouraient le voulaient. Les espions de Pilate ont certainement approuvé les paroles de Jésus. Nous remarquons que, lorsque plus tard Jésus est présenté devant Pilate, accusé d'être un révolutionnaire qui veut se faire roi des Juifs, Pilate ne croit pas à cela et cherche à tout prix à le défendre, comme nous le verrons plus loin[42].

Les textes bibliques démontrent que Jésus a évité de se faire acclamer roi par la foule près de Tibériade, capitale de la Galilée et siège du pouvoir, même s'il l'acceptera plus tard à Jérusalem, à la fin de son ministère (Mc 11.10 ; Jn 11.13). A une occasion, juste après un miracle de multiplication de pains pour nourrir une foule, le peuple, excité par cela, cherche à l'acclamer roi. En ayant conscience de cela, Jésus refuse en séparant ses disciples de la foule et en renvoyant celle-ci (Jn 6.1-2, 14-17). Les textes de Matthieu et de Marc apportent certaines précisions sur le fait que Jésus « obligea » les disciples à prendre la barque et à partir de l'autre côté du lac, « aussitôt après » que la foule a été nourrie. De toute évidence, il ne veut pas laisser le temps aux gens de s'organiser pour l'acclamer roi. Quant à lui, Jésus prend soin de rester pour « renvoyer la foule » et la disperser. Après s'être assuré que la foule est partie, il reste « seul » pour « prier » (Mt 14.21-23, de même Mc 6.44-46).

---

[41] Mt 8.5-13, dans le contexte de sa rencontre avec le centenier romain.
[42] Voir surtout Jn 18.29-40 ; 19.1-12.

Cet acte est très intéressant et démontre la probable préoccupation de Jésus de ne pas agacer les autorités et sa grande connaissance de la politique romaine par rapport aux rassemblements. Les autorités ont dû être pleines d'admiration, car elles étaient certainement au courant que la foule voulait acclamer comme roi ce Galiléen. Il nous est possible de penser que ce genre de prudence a contribué à ce que, lorsqu'il fait son entrée triomphale à Jérusalem en tant que roi et qu'il est acclamé comme tel, les autorités romaines n'en sont aucunement gênées.

Le jugement de Jésus

Le traitement que Jésus reçoit, lorsqu'il comparaît devant Pilate vers l'an 30-31, prend une toute autre dimension si nous considérons tout le contexte des révoltes contre Rome en Galilée par des Galiléens, révoltes qui s'étendent jusqu'à Jérusalem et cela depuis l'an 4-6. Avec cet événement, les textes nous montrent clairement toute la finesse de Jésus dans sa relation avec les autorités romaines[43]. En effet, Pilate, tout en connaissant la menace galiléenne, traite Jésus d'une façon surprenante lors de son procès. Comme il est très bien informé par son réseau, il a très probablement entendu parler de Jésus et il sait qu'il n'est aucunement une menace pour Rome[44]. Nous remarquons cela par les textes qui nous présentent le procès de Jésus. On essaye de faire en sorte que les autorités romaines prononcent sa condamnation à mort par des accusations telles que « nous avons trouvé cet homme excitant notre nation à la révolte, empêchant de payer le tribut à César, et se disant lui-même Christ, roi » (Lc 23.1-2), « il soulève le peuple, en enseignant par toute la Judée, depuis la Galilée, où il a commencé, jusqu'ici » (Lc 23.5).

Les chefs juifs cherchent de toute évidence à présenter Jésus comme un révolutionnaire contre Rome, cherchant à l'assimiler aux actions des autres Galiléens révolutionnaires, quelqu'un qui voulait se faire roi des Juifs. La question de l'impôt est aussi mise en avant, alors que Jésus avait dit le contraire.

---

[43] Cela peut nous rappeler ses paroles sur la sagesse dans l'action en général lorsqu'il a envoyé ses disciples en mission : « Voici, je vous envoie comme des brebis au milieu des loups. Soyez donc prudents comme les serpents, et simples comme les colombes. Mettez-vous en garde contre les hommes ; car ils vous livreront aux tribunaux » (Mt 10.16-17a). « Vous serez menés, à cause de moi, devant des gouverneurs et devant des rois » (Mt 10.18).

[44] Le procès de Paul devant le procurateur de Judée, Félix (entre 52-60), nous montre clairement deux éléments que nous trouvons dans le procès de Jésus. D'abord, pour attirer la condamnation de Rome sur un révolutionnaire, il fallait l'accuser de semer le désordre entre le peuple et si possible d'avoir des origines galiléennes. Ensuite, nous remarquons que les procurateurs ou gouverneurs de Judée étaient très bien renseignés sur les enseignements religieux de ces maîtres ambulants. « Nous avons trouvé cet homme, qui est une peste, qui excite des divisions parmi tous les Juifs du monde, qui est chef de la secte des Nazaréens » (Ac 24.5). « Félix, qui savait assez exactement ce qui concernait cette doctrine, les ajourna, en disant : "Quand le tribun Lysias sera venu, j'examinerai votre affaire" » (Ac 24.22).

Pilate a-t-il interrogé Jésus à propos des impôts ou de soulèvement, nous ne le savons pas, car les textes sont muets à ce propos. Il semble qu'il ne l'a pas fait car il était déjà certainement au courant des enseignements de ce maître. Par contre, aussitôt qu'il a entendu l'accusation que Jésus était le Christ, le roi des Juifs (juste à la suite de l'accusation à propos des impôts), là, il réagit promptement et le questionne[45]. La réponse de Jésus (Jn 18.33-34) peut démontrer que Pilate ne craignait pas qu'un roi juif s'élève, car cela n'était pas interdit s'il était reconnu par Rome. Il envisage même cette possibilité. Jésus lui confirme qu'il est effectivement roi, mais pas des affaires de ce monde et que ni lui ni ses partisans ne vont prendre les armes pour cela (Jn 18.36-37). Pilate a dû être au courant de la façon dont Jésus a été arrêté, sans violence de sa part en disant même à son disciple le plus excité de garder son épée et en guérissant l'un de ceux qui sont venus l'arrêter, blessé dans la confusion de l'arrestation (Lc 22.49-51 ; Mt 26.52).

Pilate envoie Jésus pour être interrogé par le roi Hérode, tétrarque de la Galilée (d'où Jésus était originaire), qui se trouvait à Jérusalem à l'occasion de la Pâque. Hérode qui était bien informé sur Jésus voulait le voir (Lc 23.8). Le roi avait fait tuer Jean Baptiste, membre de la famille de Jésus, qui avait préparé le chemin pour lui[46]. Jésus n'avait jamais critiqué ce roi ou appelé à la révolte contre lui[47]. Après que Jésus a guéri le fils d'un serviteur d'Hérode, toute la maison de ce serviteur est venue à croire en lui (Jn 4.46-53). De même, des gens de l'entourage du roi servaient Jésus durant son ministère (Lc 8.3) et d'autres, plus tard, étaient à la tête de l'Eglise naissante (Ac 13.1). Lorsque la question est posée à Jésus, alors qu'il est en Galilée, sur la validité de payer ou non des impôts à Rome, ce sont des hérodiens qui se dirigent vers lui, probablement pour le tester et voir s'il était un révolutionnaire comme les autres (Mc 12.13-17). Hérode a donc pris connaissance de la réponse de Jésus à ce propos et a dû être soulagé, de même qu'il était au courant des rapports des publicains, dont Jésus était ami (Lc 15.1-2). Le tétrarque de la Galilée sait donc pertinemment que Jésus n'est pas du tout un révolutionnaire, opposant à Rome ou aux autorités. Les textes bibliques nous montrent également que Jésus n'a jamais critiqué quoi que ce soit de

---

[45] Les quatre Evangiles mentionnent cela, mais seul Luc évoque la question des impôts et du soulèvement (Mt 27.11 ; Mc 15.2 ; Lc 23.3 ; Jn 18.33).
[46] Lc 1.5,36,63 ; 9.9. Hérode écoutait et considérait Jean avec respect. Mc 6.14,20. Quant à Jésus, il semble qu'il ne le connaissait pas personnellement, même s'il avait entendu parler de lui. En effet, à un certain moment, Hérode pensait que Jésus était Jean Baptiste ressuscité et le craignait (Mt 14.1-3,10).
[47] Jésus ne dit rien lorsqu'il apprend la mort de Jean Baptiste (Mt 14.9-13). Par contre, à une occasion, il traite Hérode de renard, sans que ce ne soit insultant (Lc 13.32). On dit à Jésus qu'Hérode voulait le tuer, mais rien ne prouve cela (Lc 13.31), au contraire : « Lorsque Hérode vit Jésus, il en eut une grande joie ; car depuis longtemps, il désirait le voir, à cause de ce qu'il avait entendu dire de lui, et il espérait qu'il le verrait faire quelque miracle » (Lc 23.8).

l'Empire romain ni de la pratique religieuse des Romains[48]. Il a pu mettre au courant Pilate de tout cela et c'est pourquoi celui-ci ne cherche qu'à le délivrer (Lc 23.13-16) car il comprend que les accusations sont mensongères[49].

Il est à remarquer combien de fois Pilate déclare publiquement qu'il n'a trouvé aucun crime en Jésus. Les évangiles de Jean comme de Matthieu sont explicites sur ce fait, incluant pour ce dernier l'attitude du gouverneur qui lave ses mains en public[50]. Pilate prend même le risque de relâcher un brigand, un révolutionnaire qui avait fait une sédition et commis un meurtre, afin de délivrer Jésus[51]. Ces textes nous font bien remarquer la bonne considération dont Jésus bénéficiait de la part de toutes les autorités romaines en Palestine. C'est de la bouche même de la plus haute autorité romaine en Judée que vient l'affirmation selon laquelle Jésus a accompli tout son ministère de trois ans et demi sans jamais avoir un seul problème avec elle. En disant : « Et voici, je l'ai interrogé devant vous, et je ne l'ai trouvé coupable d'aucune des choses dont vous l'accusez » (Lc 23.14), Pilate montre que les accusations graves, portées contre Jésus, de sédition contre Rome depuis la Galilée, le fait de vouloir se faire roi à la place de la royauté légalement constituée par les autorités romaines et d'enseigner à ne pas payer impôts à Rome, sont fausses.

Les textes bibliques font également mention de la femme de Pilate, qui au procès de Jésus envoie un message à son mari en disant qu'effectivement Jésus est innocent[52]. Sans aller aussi loin, il est possible de penser que cette femme a été très impressionnée par son rêve et par la suite des événements. Elle a sans doute pu jouer un rôle très important dans le christianisme naissant auprès des Romains.

A la suite du jugement de Jésus et des déclarations publiques répétées de Pilate à propos de son innocence, entendues par sa cour, des personnes de son entourage vont être touchées. Le centenier, au pied de la croix, avait professé croire que Jésus était bien un être d'origine divine[53], et en connaissant la réalité de sa résurrection, a pu lui aussi témoigner de tout cela auprès de ses

---

[48] Le fait qu'il dise qu'il ne faut pas prier en répétant des mots à l'infini, ou saluer seulement ses amis comme le font les païens (Mt 5.47 ; 6.7), n'a rien de péjoratif politiquement parlant. Par contre, lorsque Paul enseigne aux païens que leurs dieux faits de mains d'hommes ne le sont pas, le peuple se révolte et les magistrats interviennent. Paul doit quitter la région (Ac 19.26). Jésus n'a jamais enseigné de telles choses, ce qui peut aussi expliquer pourquoi les païens ne l'ont jamais attaqué.
[49] Car il savait que c'était par envie que les principaux sacrificateurs l'avaient livré (Mc 15.10).
[50] Jn 18.38 ; 19.4,6,12 ; Mt 27.24.
[51] Mc 15.6-11,15 ; Lc 23.18-19 ; Jn 18.40.
[52] Mt 27.19. Par la suite, certaines traditions chrétiennes ont fait de ce personnage une sainte. Voir article « Pontius Pilatus », *Catholic Encyclopedia*, New York, Robert Appleton Company, 1913.
[53] Mc 15.33,39, 44-45. Cela ne veut pas dire qu'il avait à ce moment-là foi en Jésus, comme d'autres chrétiens par la suite.

compatriotes. De même, le centenier (le même qu'à la croix ou un autre) avec ses soldats, en témoignant de la résurrection de Jésus, ont fait une déclaration semblable (Mt 27.54). Ces éléments mis ensemble nous permettent d'affirmer qu'un nombre certain de Romains de la sphère politique d'influence ont connu et ont porté une admiration certaine envers Jésus déjà en Palestine avant de rentrer à Rome ou d'aller vers d'autres horizons.

Le ministère des apôtres : une politique d'intégration

Après le départ de Jésus, cette prudence de ne pas s'opposer à l'autorité romaine et d'intégrer certains de ses représentants dans l'esprit de l'Evangile, en tant que bonne nouvelle pour tous, sans distinction, a été un élément d'une importance certaine pour le succès du christianisme.

Le centenier Corneille, sa famille et ses amis

Le militaire romain Corneille, sa famille et ses amis, constituent un cas très pertinent. Selon le texte biblique, au tout début du ministère des apôtres, Dieu a donné expressément une vision à Corneille (Ac 10). Il devait entrer en contact avec Pierre. Il s'en est suivi qu'il a été baptisé, avec sa famille et ses amis. Une conversion spectaculaire par sa force, et qui a eu une influence certaine. Corneille résidait à Césarée, capitale de la province romaine de Judée, lieu de résidence du préfet romain en Judée. Il était centenier de la cohorte appelée *italienne*, formée de toute évidence par les Romains volontaires originaires d'Italie[54]. Le centenier a pu avoir connu le Dieu d'Israël étant encore en Italie et de ce fait avoir demandé son affectation en Judée. Il a pu également avoir connu la religion juive et y adhérer en étant déjà en Judée. En tout cas, après sa conversion extraordinaire au message de l'Evangile, avec sa famille et ses amis, il a sans doute joué un rôle important auprès des autorités romaines pour une certaine protection des premiers chrétiens, en Judée et en Italie où il avait probablement des amis haut placés[55].

---

[54] Une inscription retrouvée en Syrie, datant de 69 ap. J.-C., mentionne une *optio coh. II Italic*, « Deuxième cohorte italienne de citoyens romains volontaires » (Hermann Dassau, *Inscriptiones latianae selectae*, Tome III, Berlin 1914-1916, n° 9168).

[55] Nous constatons que Corneille avait déjà influencé de nombreux Romains et qu'il était très connu de tous les Juifs, donc influent et estimé. Après sa conversion, lui ou des membres de sa famille ou amis ont pu rentrer en Italie et présenter le salut en Jésus à leurs concitoyens, bien avant même que les apôtres ne viennent dans cette région.
« Cet homme était pieux et craignait Dieu, avec toute sa maison... » (Ac 10.2). De même des soldats attachés à lui (Ac 10.7) et des amis (Ac 10.24,27). Ils ont été baptisés et remplis du Saint Esprit (Ac 10.44,48).

Le Proconsul Sergius Paulus

Le cas du proconsul de Chypre est aussi révélateur. Selon le texte biblique, c'est une fois de plus par la volonté expresse du Saint-Esprit que Paul va rencontrer ce haut personnage romain à Chypre (Ac 13.2-5). Il accepte le message chrétien (même si le texte ne dit pas qu'il a été baptisé), et plus intéressante encore est la suite du voyage de Paul. De Chypre, ils ont pris la direction de la Pamphylie et sont arrivés à Perge, où ils ne semblent pas s'être arrêtés, bien qu'il s'agisse d'une grande ville de langue grecque (Ac 13.13). Les historiens[56] ont du mal à expliquer la décision de Paul de ne pas évangéliser Perge et ses alentours, région commerçante et riche, mais de poursuivre directement sa route vers le plateau anatolien en traversant la chaîne du Taurus, endroit tout à fait difficile et dangereux. En tout cas, Paul et Barnabé se dirigent vers Antioche de Pisidie, qui venait d'accéder au statut de colonie romaine de droit italique, ce qui plaçait cette ville en contact étroit avec le pouvoir central de Rome. On pense que ce choix a été fait à cause d'une certaine influence du proconsul de Chypre, Sergius Paulus, dans cette région. En effet, il semble que le proconsul avait des membres de sa famille à Antioche de Pisidie. Il y a des éléments (surtout des inscriptions) qui nous permettent de penser que la fille du proconsul, Sergia Paulla, ainsi que son fils Gaius Caristanius Fronto, membres d'une riche et influente famille d'Antioche de Pisidie, étaient chrétiens[57]. Cette décision de Paul peut ainsi s'expliquer par cet appui du proconsul[58] et elle a été couronnée de succès car les Juifs de la synagogue sont venus l'écouter, mais aussi « presque toute la ville » (Ac 13.44). Or, qui avait intérêt (en tout cas pas les Juifs !) et assez d'influence pour réunir toute cette foule pour écouter la « bonne nouvelle » de la part de Paul ? Des influences de Sergius Paulus ? Le texte nous permet une telle proposition, car il s'est passé quelque chose de très semblable à Césarée avec la conversion de Corneille, que nous avons vue plus haut, lorsqu'il avait réuni sa famille et ses amis pour écouter Pierre.

Il faut encore noter qu'après Antioche de Pisidie, Paul va en direction de la Cilicie, autre région qui a de tout temps eu des relations étroites avec Chypre (d'ailleurs, la Cilicie et Chypre forment une même province romaine au début, jusqu'en 27 av. J.-C.). Sergius Paulus avait-il des amis ou de la famille dans cette région qui ont pu appuyer le ministère de Paul ? Il est vrai que Paul a beaucoup

---

[56] Par exemple Etienne Trocmé, *L'enfance du christianisme*, Paris, Hachette, 1999, p. 90-91.
[57] William Ramsay, *The Bearing of Recent Discovery on the Trustworthiness of the NT*, London, Hodder and Stoughton, 1915, p. 150-172.
[58] Pour Marie-Françoise Baslez, *Saint Paul*, Paris, Pluriel, 2012, p. 125-126. C'est Sergius Paulus qui inspira à Paul et Barnabé le projet d'une mission à Antioche de Pisidie. Il leur donna probablement des lettres de recommandation pour les notables de la colonie, « à moins qu'il ne les ait associés à un voyage d'inspection ».

souffert dans ces régions (2Tm 3.11), mais l'Evangile y a été très répandu. Malheureusement il sera difficile (mais pas impossible) de trouver des documents qui puissent nous fournir plus de lumière sur le rôle de Sergius Paulus pour le progrès de l'Evangile[59].

Des personnes diverses de la haute classe

Lors du passage de Paul à Malte, à la suite d'un naufrage, il rencontre le « premier personnage » de l'île et guérit son père par la prière et l'imposition des mains (Ac 28.7-10). Comme pour Sergius Paulus, le texte biblique ne mentionne pas expressément la conversion de Publius, mais en voyant toutes les autres guérisons des malades que l'on attribuait à Paul, il a dû être impressionné par la puissance du message chrétien. Après trois mois dans l'île, Paul est parti pour Rome avec, probablement, une lettre de recommandation de la part de Publius aux autorités. Les derniers versets des Actes, à la suite immédiate de l'arrivée de Paul à Rome nous permettent une telle proposition[60].

A Rome, Paul est entré en contact direct avec la garde prétorienne, qui avait une influence tout à fait exceptionnelle auprès de l'empereur et dans les affaires de l'Empire[61]. Selon les dires de l'apôtre, ce corps militaire a bien pris connaissance du message chrétien et a pu le répandre (Ph 1.12-13). Le texte ne mentionne pas clairement la conversion de membres de cette garde, mais dans la même épître, à la fin, il est dit que des membres de la cour de l'empereur étaient déjà devenus chrétiens (Ph 4.22). Ont-ils été convertis par le message de Paul ou d'un autre apôtre ? Ont-ils été convertis par le message de l'une des personnes originaires de Rome qui ont été baptisées à la Pentecôte ? On peut aussi penser que Corneille, Sergius Paulus, Publius, leurs parents ou amis ainsi que des centeniers qui avaient servi l'Empire en Judée ont pu aussi être à la source de ces conversions.

---

[59] Le fait que Luc traite Paul non plus de Saul juste dans le contexte de sa rencontre avec S. Paulus ne veut pas forcément montrer que c'est à cause du proconsul qu'il prend ce nom. Voir, Daniel Marguerat, *Les Actes des apôtres (13-28)*, Genève, Labor et Fides, 2015, p. 31.

[60] « Après notre arrivée à Rome, on a permis à Paul de demeurer à part avec le soldat qui le gardait » (Ac 28.16). Il a la liberté de convoquer des gens chez lui (Ac 28.17). Paul était parti de Césarée bien recommandé (Ac 27.1,3,43). « Paul demeura deux ans entiers dans une maison qu'il avait louée. Il recevait tous ceux qui venaient le voir, prêchant le royaume de Dieu et enseignant ce qui concerne le Seigneur Jésus-Christ, en toute liberté et sans obstacle. » (Ac 28.30-31). D'après des recherches archéologiques, (Vincent Borg, *Le monde de la Bible*, n° 152, 2002, p. 24), les témoignages chrétiens sont anciens et nombreux à Malte.

[61] Mc 15.16 ; Jn 18.28, 33 ; 19.8-9 montrent que le prétoire était fréquenté par les plus hauts magistrats.

Les apôtres appellent au respect de Rome

Plusieurs dizaines d'années après le départ de leur maître, les apôtres continuent à exhorter les chrétiens à ne pas s'opposer aux autorités romaines et en appellent au paiement des impôts[62]. Le ministère de Paul nous présente même certains éléments positifs dans sa relation avec Rome[63]. Ce qu'ils ont appris de la conduite de leur maître est mis en place pour éviter toute forme d'assimilation des chrétiens avec un quelconque mouvement révolutionnaire. En plus, les premiers chrétiens étaient considérés comme des « Galiléens » ou « secte des Nazaréens » (Ac 1.11 ; 2.7 ; 24.5), disciples d'un « prétendu » Galiléen qui avait été mis sur la croix pour se faire passer pour un roi juif. Déjà avant, mais surtout après le début de la révolte juive contre Rome, en 66, qui aboutira à la destruction de Jérusalem en 70, il fallait que les chrétiens aient été instruits à bien se comporter vis-à-vis de Rome, comme l'avait fait leur maître[64].

Conclusion

Au début du IVe siècle de notre ère, lorsque le puissant Empire romain, le plus vaste qui ait jamais existé en Méditerranée, devient officiellement chrétien, d'autres religions y sont présentes en plus de la religion nationale, comme depuis des siècles. Mais c'est le christianisme qui remporte la faveur de l'Etat, sans combat armé. On peut penser que la façon dont Jésus est entré en relation avec cet Empire, et par la suite ses apôtres, nous montre pourquoi cela a été possible. Au lieu de combattre la domination romaine, comme on l'a fait si souvent en Judée à l'époque de Jésus et des apôtres, ou de l'accepter tacitement pour des intérêts divers, Jésus la respecte. Il a appelé des collaborateurs de ce système à le rejoindre et après son départ, l'Eglise naissante suit son exemple. C'est le cas de Matthieu au début de son ministère, puis de Zachée à la fin. Il a encouragé à payer les impôts à Rome et à obéir aux autorités. Il a guéri des Romains et a fait des éloges de leur foi. Il a instruit ceux qui allaient poursuivre son œuvre à faire de même. Au tout début du ministère des apôtres, c'est un militaire romain haut placé, Corneille, qui le premier non Juif reçoit l'appel de

---

[62] Rm 13.1-7 ; Tt 3.1-2 ; 1Tm 2.1-3 ; 1P 2.13-18.
[63] Il est vrai que Paul resta deux ans prisonnier à Césarée, mais cela n'était pas à cause des Romains mais pour le protéger de Juifs qui en voulaient à sa vie sans même le juger (Ac 23.18-23 ; 24.27 ; 26.32 ; 27.1). Quand il quitte Césarée pour Rome, en navire, il est sous la garde d'un certain Julius, centenier de l'honorifique cohorte appelée Auguste. Luc précise que ce centenier a traité Paul avec « bienveillance » et a même sauvé sa vie (Ac 27.1-3, 42-44).
[64] Rappelons que cette grande révolte et guerre de 66 à 73, si elle a débuté par des heurts à Césarée, c'est par la Galilée que les Romains vont commencer à la mâter. Le Galiléen, Jean de Ghiscala et ses partisans arrivent à s'enfuir de Galilée pour rejoindre les révoltés à Jérusalem. Il sera finalement fait prisonnier et amené à Rome (*B.J.*, VI. 9, 4).

l'Evangile. Lorsque Paul part pour son premier voyage d'évangélisation, c'est encore en premier à un dignitaire romain très haut placé, Sergius Paulus, que le message chrétien est adressé. A la fin de son ministère, ce sont encore les plus hauts dignitaires romains, à la capitale même de l'Empire, l'empereur y compris, qui entrent en contact avec l'Evangile (Ac 25.12). Tout cela montre un parallèle avec le ministère de Jésus.

Aucun groupe ou chef religieux juif de l'époque n'est jamais allé aussi loin, même ceux qui acceptaient la présence romaine. Quant aux révolutionnaires, au lieu de guérir les Romains, ils cherchaient à les tuer. Au lieu de payer les impôts à César, ils les retenaient. Au lieu de fréquenter les collaborateurs du système, ils les menaçaient. Au lieu d'appeler au respect de l'autorité romaine, ils la combattaient.

En respectant les autorités constituées, même païennes, Jésus a lancé certains fondements qui, de toute évidence, ont contribué à la réussite de son mouvement. On peut penser qu'en réalisant son ministère et en envoyant les apôtres pour le faire avancer, Jésus mettait en pratique ce qu'il avait enseigné : « Voici, je vous envoie comme des brebis au milieu des loups. Soyez donc prudents comme les serpents, et simples comme les colombes » (Mt 10.16)[65].

---

[65] Après avoir écrit cet article, le professeur Daniel Marguerat, que je remercie, m'a gentiment fait part d'un article qu'il vient de publier : « Jésus, un insurgé millénariste ? », *Choisir* 685, octobre-décembre 2017, p. 10-14.

Les « agneaux immaculés du Seigneur » : racines puritaines de la notion d'exception (XVIe – XVIIe siècles)

Jean-Luc Rolland[1]

Au terme de son livre *Du sexe en Amérique, une autre histoire des Etats-Unis*, la politologue Nicole Bacharan décrit les Américains comme des êtres qui « ne vivent pas comme des puritains mais pensent comme des puritains[2] ». La sexualité aurait forgé le destin et l'identité de leur nation. La quête obstinée de la perfection, en particulier dans la vie privée des Américains, serait inscrite dans les fondements de l'Amérique. Obsession pour la pureté en matière de mœurs, recherche frénétique de perfection. Est-ce bien de puritanisme dont il est question ? L'idée n'est pas insolite. Ainsi dans son œuvre *De l'amour* (1822) le romancier Stendhal analyse la dissemblance des mentalités en matière de sentiment amoureux et fait une surprenante déclaration à propos du fondateur de l'Islam : « Mohammed fut un *puritain*, il voulut proscrire les plaisirs qui ne font de mal à personne ; il a tué l'amour dans les pays qui ont admis l'islamisme[3]. » De son côté, l'écrivain et philosophe George Santayana n'hésite pas à parler du puritanisme comme d'une « réaction naturelle contre la nature[4] ». Des tableaux qui nous renseignent davantage sur le talent de leurs auteurs plus qu'ils ne nous apprennent à identifier le puritanisme. Ces allégations sans appel donnent une image globalisante du phénomène construite à partir de comportements qui ne sauraient suffire à le définir. Son

---

[1] Jean-Luc Rolland, Docteur en histoire et en théologie, est professeur d'histoire contemporaine et de théologie pratique à la Faculté adventiste de théologie de Collonges-sous-Salève (France).
[2] Nicole Bacharan, *Du sexe en Amérique, une autre histoire des Etats-Unis*, Paris, Robert Laffont, 2016.
[3] Henri Beyle dit Stendhal, *De l'amour*, Paris, Pocket, 1998, p. 202, 203. En italique dans le texte. Voir également Honoré de Balzac, « Etudes sur M. Beyle », *Revue Parisienne* (25 septembre 1840), p. 295.
[4] George Santayana, *The Last Puritan. A Memoir in the Form of a Novel*, New York, Scribner's, 1936, p. 6.

assimilation à un sectarisme rigoriste, étroit d'esprit, austère et surtout prude est très répandue[5]. Il s'agirait en quelque sorte d'un protestantisme à l'américaine foncièrement défini par une « haine du plaisir[6] ». Le courant religieux dont cet essai retrace les origines dépasse largement ces représentations. Nous nous sommes intéressé à deux traits caractéristiques du puritanisme des XVIe et XVIIe siècles. Le premier relève d'un paradoxe fondamental. Exclue et suppliciée, la communauté puritaine prendra à son tour le chemin de l'intransigeance, de l'intolérance et plus encore de la violence. Quelles furent les raisons qui conduisirent certains puritains à reproduire ce qu'ils subirent ? La seconde particularité renvoie à une interprétation de la notion d'élection qui prendra forme dans le puritanisme colonial. La découverte providentielle des terres amérindiennes était censée permettre la reconstruction d'un monde religieux et politique d'exception, à travers l'engagement et la foi de croyants fidèles, tirés des cendres d'une chrétienté européenne décadente. Le sentiment d'appartenance à ce résidu fut au cœur de l'identité puritaine.

Un terme polémique

En abordant la question du puritanisme, le premier obstacle majeur auquel on se heurte est celui de la signification d'un terme obscurci par des interprétations approximatives qui génèrent fréquemment confusion, stigmatisation et caricature[7]. Le lecteur francophone perçoit le puritanisme de manière superficielle à travers les reconstructions d'une littérature secondaire et une presse non spécialisée qui n'en retiennent souvent que les manifestations spectaculaires ou scandaleuses. L'usage du vocabulaire hors de sa sphère géographique, historique et religieuse d'origine représente un moyen facile d'enfermer une attitude, une personne, un groupe, dans une catégorie supposée

---

[5] Chady Hage-Ali, « Les puritains de Nouvelle-Angleterre : une vision du pouvoir entre utopie moraliste, fanatisme et rationalisme », dans Charles Coutel, Mokhtar Ben Barka, Olivier Rota (éd.), *Le fanatisme religieux du XVIe siècle à nos jours. Étudier, comprendre, prévenir*, Arras, Artois Presses Université, 2017, p. 49.

[6] Contrairement à cette image d'un puritanisme focalisé sur des abstinences et sur une morale règlementant le plaisir, des recherches ont révélé un puritanisme en quête de bonheur, de progrès et de réussite, dans des domaines aussi diversifiés que la famille, l'entreprise, la République et l'Eglise. Selon Régis Ladous et Edmund Leites, les puritains, loin d'oublier le plaisir de la chair, travaillaient avec passion à la construction d'un bonheur qui ne se limitait pas à une félicité céleste eschatologique. Régis Ladous, « L'Amérique du Nord : les Etats-Unis », dans Jean-Marie Mayer, Charles et Luce Pietri, André Vauchez, Marc Venard (éd.), *Histoire du christianisme des origines à nos jours*, vol. 11, Paris, Desclée, 1995, p. 854-859 ; Edmund Leites, *La passion du bonheur : conscience puritaine et sexualité*, Paris, Cerf, 1989.

[7] Voir en ce sens Lauric Henneton, « Un homme, un récit, une légende : William Bradford, héros malgré lui ? », dans William Bradford, *Histoire de la colonie de Plymouth : chroniques du Nouveau Monde 1620-1647*, traduction sous la direction de Lauric Henneton, Genève, Labor et Fides, 2004, p. 24.

réactionnaire et obscurantiste. Nous notons en effet une utilisation croissante du terme dans un sens polémique qui conduit trop souvent à considérer qu'au fond le puritain est toujours l'autre. Cette simplification masque les difficultés de compréhension du phénomène historique.

Parler de puritanisme au singulier comme on le fait aujourd'hui ne rend pas compte de la complexité de ce courant[8]. Le risque est de tomber dans le piège de l'essentialisation, de réduire un rapprochement informel d'individus à l'une ou l'autre de ses dimensions. Comme si tous les croyants issus de cette forme de protestantisme avaient eu des croyances en tout point superposables, les mêmes opinions, une même façon de vivre la foi. Le courant de pensée que l'on désigne sous le nom de puritanisme a certes bel et bien existé. En revanche il est moins simple de le définir comme s'il s'agissait d'un ensemble homogène. Les puritains de la première heure partagent tous le fait d'avoir été protestataires, mais leurs récriminations ne les conduisirent ni à institutionnaliser le mouvement, ni à le définir à travers une dogmatique univoque. Pas plus qu'à l'adoption d'un style de vie normalisé comme le laissent entendre les clichés de Stendhal et autres stéréotypes.

De la même manière, parler de courant et de tendance, comme les pages qui suivent seraient enclines à le faire, relève tout autant du compromis que de la réalité. Le puritanisme ne fut certes pas le produit de quelques individualités. En cela, en dépit d'une modeste représentation quantitative, il s'agit bien d'une orientation, d'une école de pensée qui inspira un nombre significatif de paroissiens, de pasteurs, de penseurs. De femmes et d'hommes non conformistes, animés d'un désir d'assainissement, d'épuration de l'Eglise établie, qui toutefois ne souhaitaient en aucune manière la rupture et encore moins la création d'une institution nouvelle. Les puritains, en dehors d'une frange séparatiste, se voyaient en effet comme membres à part entière de l'Eglise d'Angleterre. Mouvement sans doute, mais de chrétiens qui pour la plupart n'avaient pas conscience de l'étendue du phénomène auquel ils prenaient part. Contestataires pour des raisons souvent diverses de l'autorité politique, religieuse et traditionnelle. Puritains, ils le furent essentiellement pour ces raisons. Saisir la nature complexe de cette dissidence, appelle tout d'abord à retracer la naissance et l'évolution de l'Eglise d'Angleterre, milieu dans lequel le puritanisme verra le jour. L'émergence du puritanisme ne peut se comprendre indépendamment de ce contexte particulier.

---

[8] Jacques Blondel, « De la Réforme au puritanisme », *Bulletin de la Société d'études anglo-américaines des XVIIe et XVIIIe siècles* 4 (1977), p. 5-19.

Réformer la Réforme

Parmi les chrétiens d'Angleterre sensibles aux idées de la Réforme, nombreux furent ceux qui ne considérèrent pas le protestantisme anglais comme un véritable protestantisme. Et cela dès le départ, avant que n'émerge une quelconque forme de puritanisme dans le pays. C'est au roi qu'en incombait, à leurs yeux, la responsabilité immédiate. Henri VIII (1491-1547) avait cherché à répudier sa femme Catherine d'Aragon, qu'il accusait de ne pouvoir lui donner un fils et, à cette fin, avait demandé au pape Clément VII d'annuler son mariage. La question n'était pas simple à trancher. Soucieux de ne pas déplaire à l'empereur, neveu de Catherine, le pape hésita à donner une prompte réponse. Excédé par ce délai, le roi d'Angleterre fit prononcer le divorce par un tribunal anglais, décision à laquelle Clément VII répondit en excommuniant Henri VIII en 1534. Son mariage avec Anne Boleyn fut célébré par Thomas Cranmer, récemment nommé archevêque de Canterbury. Cette même année, Henri VIII répliqua en faisant voter par le Parlement le fameux *Act of Supremacy* qui lui accordait le titre de « chef unique et suprême de l'Eglise d'Angleterre ». La résistance à la primauté royale fut durement réprimée, comme en témoigne la décapitation en 1535 de l'humaniste Thomas More, après son refus de prêter allégeance au roi. Par ailleurs, à deux reprises (1536 et 1539) Henri VIII fit également voter par le Parlement le *Suppression of Religious Houses Act*. Aussi révolutionnaire que peut paraître la dissolution des 825 monastères que comptait le royaume, plus que d'éventuels manquements à la morale elle visait essentiellement la confiscation de leurs biens[9]. Ces décisions furent perçues par certains comme l'avant-goût d'une possible Réforme rappelant, dans un contexte très différent, des évènements qui venaient une vingtaine d'années plus tôt de se dérouler en terre germanique. En conséquence, les évêques et les abbés ne devaient plus être consacrés par le pape mais nommés par le roi seul. Henri VIII encouragea en outre les paroisses à lire les Saintes Ecritures en langue anglaise (soutien qui se transforma en ordonnance). Toutefois, en dépit de ces comportements, de nombreux anglicans refusèrent de voir en la nouvelle impulsion royale un mouvement de Réforme protestante, considérant plutôt l'Eglise d'Angleterre comme un catholicisme à l'anglaise, finalement peu ouverte au protestantisme. En ce sens, ces derniers lisaient les évènements avec lucidité. Henri VIII se montra séparatiste, nia la suprématie spirituelle du pape sur l'Eglise de son pays mais n'envisagea de contredire aucun dogme. Le pape l'avait d'ailleurs bien reconnu qui l'avait gratifié d'éloges pour être le « défenseur de la

---

[9] Viviane Barrie-Currien, « La Réforme anglicane », dans Jean-Marie Mayer, Charles Pietri, André Vauchez, Marc Venard (éd.), *Histoire du christianisme des origines à nos jours*, vol. 8, Paris, Desclée, 1992, p. 196-200.

foi » en reconnaissance de l'opposition royale à la Réforme de Luther, opposition qui ne prit d'ailleurs pas fin après la rupture avec Rome. Henri VIII revendiquait une autonomie nationale pour son Eglise, néanmoins catholique.

Le règne de son fils Edouard VI (1537-1553) fut plus décisif pour conduire le pays vers la Réforme protestante. Très jeune (il n'a que dix ans) à la mort de son père (1547), le pouvoir fut provisoirement exercé au nom du monarque par le régent Lord Somerset, acquis à la Réforme et proche de Thomas Cranmer. Cette même année, les idées de la Réforme commencèrent à être enseignées publiquement et, par actes du Parlement, des pratiques protestantes s'imposèrent : communion sous les deux espèces, suppression des statues et des autels dans les lieux de culte, mariage des prêtres. À partir de 1549, la messe en latin fut supprimée et remplacée par une liturgie en langue anglaise sur la base d'une révision du *Book of Common Prayer* rédigé en 1552 sous la direction de Thomas Cranmer. À cette époque, Cranmer travailla également à la rédaction des *Quarante-deux articles*, confession de foi d'inspiration protestante[10]. Théologien acquis aux idées de Luther, Cranmer joua un rôle déterminant, suivi de Réformateurs venus du continent. Notamment John Knox et Martin Bucer, lesquels deviendront respectivement chapelain du roi et professeur à l'université de Cambridge. Le règne d'Edouard VI redonna de l'espoir aux croyants qui aspiraient à une Réforme plus authentique.

La mort du roi en 1553 favorisa bien au contraire la réaffirmation, par sa demi-sœur catholique Marie 1re (1516-1558), plus connue sous le nom de Marie Tudor, d'une vigoureuse identité catholique. La reine nomma immédiatement un nouvel archevêque de Canterbury, cette fois catholique en la personne du légat du pape qui par la suite assistera la reine dans son combat pour rétablir la messe catholique et renouveler les liens avec Rome en vue d'une réunification. Marie Tudor fit annuler les réformes votées sous le règne de son demi-frère Edouard VI et destituer de nombreux prêtres et évêques anglicans. Son règne fut marqué par de nombreuses exécutions d'opposants. Trois cent anglicans furent brûlés vifs, dont plusieurs évêques au nombre desquels l'ancien archevêque de Canterbury Thomas Cranmer[11]. Ces exécutions lui valurent le surnom de *Bloody Mary* (Marie la sanglante). Environ huit cent autres furent contraints à l'exil et fuirent vers les Provinces-Unies, l'Allemagne et la Suisse où s'énonçaient des expressions plus absolues de la foi protestante.

---

[10] Rémy Bethmont, *L'anglicanisme. Un modèle pour le christianisme à venir ?*, Genève, Labor et Fides, 2010, p. 25, 39, 40.
[11] Viviane Barrie-Currien, *op. cit.*, p. 208.

Sa mort en 1558 et l'accession au trône d'Elisabeth Ire (1533-1603), deuxième fille d'Henri VIII par sa deuxième épouse Anne Boleyn, ne pouvaient que réjouir les anglicans réformateurs. La nouvelle reine chercha parmi eux à rallier les plus modérés des différentes tendances du pays par un *Settlement* (compromis) adopté en 1559 par le Parlement. Cette même année Elisabeth remit en vigueur l'*Acte de Suprématie*, se réaffirmant ainsi unique gouverneur de l'Eglise d'Angleterre, non soumise à Rome. Elle se montra également favorable à l'adoption des *Trente-neuf articles* (1563), énoncés doctrinaux dont la visée théologique s'inspirait des Réformateurs, principalement de Luther, de Calvin et de Bucer. Parler de rupture avec la tradition catholique serait cependant excessif. En effet, qu'il s'agisse de sa forme de gouvernement et de sa liturgie, l'Eglise d'Angleterre se présentait comme une *via media* entre catholicisme romain et protestantisme capable de s'enrichir du meilleur de l'un sans se priver de celui de l'autre[12]. Au risque de déplaire aux anglicans qui ne pouvaient se suffire d'un protestantisme à l'anglaise. Notons également un fait qui, certes insuffisant pour expliquer la proche émergence du puritanisme, jouera un certain rôle. La reine fit renvoyer les évêques nommés par Marie Tudor qui refusaient de prêter serment d'allégeance à la nouvelle souveraine et les remplaça par d'autres évêques dont certains revenaient de leur exil sur le continent. Une part d'entre eux se montrèrent fortement influencés par un calvinisme genevois qui avait contribué au durcissement de leurs positions. À la fin du règne d'Elisabeth une majorité de ses sujets se rallièrent à l'Eglise établie mais des tensions apparurent entre partisans d'un protestantisme plus proche du catholicisme et partisans d'un modèle, notamment liturgique, proche du spécimen genevois. Ces derniers, loin de choisir cette désignation, furent qualifiés de puritains.

La succession d'Elisabeth par Jacques Ier (1566-1625), premier Stuart de l'histoire à accéder au trône d'Angleterre, suivra un chemin assez semblable. Élevé dans la tradition du calvinisme écossais, le roi ranima l'espoir des protestants anglais, malgré tout rapidement déçus par son choix de soutenir la *via media* anglicane. Toutefois cette orientation nouvelle n'empêcha pas Jacques Ier d'accorder une certaine liberté aux prêtres dans l'exercice de leur ministère. Son nom reste attaché à la fameuse traduction collective de la Bible en langue anglaise dite *King James Bible* dont il favorisa la publication[13]. On a pu

---

[12] Sur la signification et l'histoire de l'idée de *via media* anglicane, voir Rémy Bethmont, *op. cit.*, p. 34, 35.

[13] Pour supplanter la *Geneva Bible* (1560) dont il n'appréciait pas les commentaires. Traduite par des érudits anglais venus se réfugier à Genève pour se protéger des persécutions du règne de Marie Tudor, la *Geneva Bible* fut la plus populaire des bibles anglaises et la favorite des puritains. Liliane Crété, *John Cotton 1585-1652. Au cœur de l'émotion puritaine*, Genève, Labor et Fides, 2007, p. 21.

dire de cette traduction qu'elle joua pour la langue anglaise un rôle similaire à celui de la traduction de la Bible par Martin Luther. Son nom fait aussi référence à de violentes persécutions à l'encontre des chrétiens catholiques de son temps. Enfin, notons qu'il dut faire face à l'insatisfaction croissante de la mouvance puritaine dont l'étendue inquiétait et agaçait le pouvoir. Les puritains se firent notamment remarquer par leur insistance à condamner le *Book of Sports* (1618) par laquelle le roi encourageait la pratique de certains jeux le jour du *Sabbath*. Se montrant de plus en plus réfractaires au protestantisme proposé par l'Eglise d'Angleterre, les puritains furent violemment pourchassés et, pour certains d'entre eux, se réfugièrent dans les Provinces-Unies et en Amérique du Nord.

Durant le règne de son fils Charles Ier (1600-1649), la situation s'aggrava pour les puritains, en partie à cause de l'influence de William Laud récemment nommé par le roi à l'archevêché de Canterbury. À travers lui le roi cherchait à mettre au pas les récalcitrants, par la force lorsqu'elle serait jugée nécessaire, contraignant le clergé à se conformer scrupuleusement au *Prayer Book* et à porter habits ainsi qu'ornements sacerdotaux. Ces injonctions furent suivies d'obligations liturgiques qui à cette époque firent scandales : génuflexion au moment de la communion, signe de croix. Les réactions d'hostilité des puritains ne se firent pas attendre. Devant ce tableau auquel il faut ajouter le retour de quelques images saintes dans les chapelles anglicanes, un nombre croissant d'anglicans eurent la conviction que le roi et son archevêque entendaient ramener l'Eglise d'Angleterre vers le catholicisme romain. Les puritains furent considérés comme des fauteurs de trouble qui risquaient de mettre en péril l'unité de la monarchie et de l'Eglise. En Écosse, des faits similaires furent interprétés de la même façon comme une recatholicisation forcée et provoquèrent un mouvement de rébellion du clergé et des fidèles. Les dissidents durent affronter emprisonnement, confiscation de leurs biens et furent souvent même torturés avec une rare cruauté[14]. Ainsi la publication de la satire *Zion's Plea against Prelacy : an Appeal to Parliament* (1628), valut à son auteur Alexander Leighton d'être condamné et torturé sur ordre de William Laud pour avoir qualifié l'organisation de l'Eglise anglicane de satanique. Le médecin et pamphlétaire puritain fut enfermé quinze semaines dans une cellule, exposé à la pluie et à la neige, fouetté, amputé du nez et des oreilles. Enfin, son front fut marqué au fer rouge avec l'inscription *sower of sedition* (graine d'insurrection)[15].

---

[14] Sacha Raoult, « Le modèle inquisitoire dans l'imaginaire juridique américain (XIXe-XXe siècles) », *Droit et Société* 83 (janvier 2013), p. 123.
[15] Ted Vallance, « Political Thought », dans Michael Braddick (éd.), *The Oxford Handbook of the English Revolution*, Oxford, Oxford University Press, 2015, p. 433.

L'obstination et l'intransigeance de Charles Ier déclenchèrent une guerre civile, conséquence du conflit de pouvoir entre le roi et le Parlement, doublé d'un conflit religieux. Beaucoup de calvinistes écossais et d'anglicans outrés par les agissements de William Laud, soutinrent le Parlement qui prit la décision de destituer l'archevêque et de l'exécuter en 1643. Charles 1er sera décapité six ans plus tard.

Genèse du puritanisme

L'épithète attribuée aux sympathisants de ce courant composite remonte à la fin du XVIe siècle. Le terme puritain apparut pour la première fois en 1565 sous la plume du théologien catholique Thomas Stapleton[16]. C'est à cette époque qu'émergea une première vague de puritanisme en Angleterre, nébuleuse minoritaire et non structurée, déterminée à répondre aux déficiences d'une Eglise estimée trop marquée par le catholicisme dont il était urgent de réorienter la pratique religieuse en adoptant un mode de vie plus conforme à leur lecture de la Bible. Le puritanisme naquit de cette nostalgie. Il s'agit avant tout d'une réaction à ce qui fut perçu comme un échec de la Réforme anglaise. Les puritains ne se suffirent pas d'une *via media* anglaise, mosaïque de réforme protestante et de catholicisme. Cette alternative leur paraissait intolérable. En conséquence, ils réagirent dans l'intention de purger l'anglicanisme de ses scories de catholicisme, de *popery* (papisme) dit-on alors[17]. Le modèle d'autorité confié aux ministres du culte anglican, l'implication politique de l'Eglise établie, le déroulement de la liturgie, furent perçus comme des compromis inadmissibles. Les puritains s'opposèrent à la génuflexion pendant la communion, à l'utilisation de l'orgue, au baptême pratiqué par des laïcs lorsqu'un ministre était absent, au signe de croix, aux vêtements sacerdotaux, aux fêtes, aux saints, à l'anneau du mariage, à des activités « impies » notamment sportives qui profanaient le repos dominical. La pratique du jour du Seigneur, retint en effet toute leur attention. Le *Sabbath*, qui désignait alors le dimanche, fut au cœur des préoccupations[18]. Toutefois cet accent sabbatique était loin d'être inédit, comme en témoigne la littérature de John Donne (1572-1631), l'un

---

[16] Patrick Collinson, *Richard Bancroft and Elizabethan Anti-Puritanism*, Cambridge, Cambridge University Press, 2013, p. 3 ; Viviane Barrie-Currien, « Dans les îles Britanniques », dans Jean-Marie Mayer, Charles Pietri, André Vauchez, Marc Venard (éd.), *Histoire du christianisme des origines à nos jours*, vol. 8, Paris, Desclée, 1992, p. 502.
[17] Lauric Henneton, « Un voyage détourné : des passagers du *Mayflower* aux "Pères pèlerins" », dans Bernard Cottret, Lauric Henneton, Bertrand Van Ruymbeke, Jacques Pothier (éd.), *Naissance de l'Amérique du Nord. Les actes fondateurs, 1607-1776*, Paris, Les Indes Savantes, 2008, p. 89.
[18] Bernard Cottret et Lauric Henneton, « La commémoration, entre mémoire prescrite et mémoire proscrite », dans Bernard Cottret et Lauric Henneton (éd.), *Du bon usage des commémorations. Histoire, mémoire et identité, XVIe-XXIe s.*, Rennes, Presses Universitaires de Rennes, 2010, p. 11.

des plus illustres poètes anglicans de ce temps[19]. Nous soulignions à l'instant la nature réactive de cette réforme de la Réforme. Le puritanisme s'est en effet construit au départ sur une négation de l'anglicanisme, sur une évaluation de ses insuffisances. Il était crucial de rectifier cette prétendue Réforme paralysée, qui au fond n'en avait jamais été une. L'anglicanisme était ainsi assimilé à la désinvolture royale initiale, comme s'il s'y réduisait. Le ver était dans le fruit, et pour cela il était nécessaire, croyait-on, non seulement de le nettoyer mais de le substituer. Cette image s'observe dans la manière dont la plupart des puritains appréhendaient la Réforme à l'anglaise. Constituée à la fois en démarcation et en affiliation tant avec Rome qu'avec la Réforme protestante continentale. L'Eglise d'Angleterre put ainsi, probablement au prix d'une dogmatique peu systématisée, accueillir une certaine diversité de styles de vie et d'opinions, en accordant une place importante à la spiritualité personnelle, à la liturgie et aux sacrements. Ces dimensions n'apparaissaient pas dans les inventaires et les bilans puritains exclusivement pessimistes[20].

Nous l'avons souligné à plusieurs reprises, le puritanisme est loin de recouvrir un ensemble homogène. Les uns se reconnurent dans un calvinisme de type presbytérien, d'autres un congrégationalisme prônant l'autonomie des paroisses, voire une forme de séparatisme parfois. Dans cette diversité, notons également des courants d'inspiration anabaptiste ainsi que des tendances millénaristes. Sur la base d'interprétations de l'Apocalypse, il n'est pas rare à cette époque d'entendre des sermons annoncer un règne du Christ d'une durée de mille ans autour de 1666, année marquée du chiffre de la bête[21]. Jean Baubérot souligne cette insistance sur le millénium au XVIIe siècle anglais au cours duquel la véritable Eglise devait progressivement triompher. À cette époque, l'essor du puritanisme fut considéré comme un preuve convaincante. Il fallait hâter le millénium, l'avenir spirituel de la chrétienté dépendait de l'action présente[22].

L'exode vers la Nouvelle-Angleterre

Une nouvelle fois dans l'histoire, un grand nombre de dissidents décidèrent de quitter l'Europe, convaincus de trouver un refuge spirituel sur un sol pour ainsi

---

[19] Andrew McRae, John West, *Literature of the Stuart Successions. An Anthology*, Manchester, Manchester University Press, 2017.
[20] Voir en ce sens l'excellente étude de Rémy Bethmont, *L'anglicanisme. Un modèle pour le christianisme à venir ?* (*op. cit.*).
[21] Peter Toon (éd.), *Puritans, the Millennium and the Future of Israel. Puritan Eschatology 1600 to 1660*, Cambridge, James Clarke & Co., 2002.
[22] Jean Baubérot, *Histoire du protestantisme*, 9e édition mise à jour, Paris, Presses Universitaires de France, 2017, p. 45.

dire inexploré. Pouvoir pratiquer librement sa foi : un rêve, l'exaucement des prières. La situation extrêmement tendue en Angleterre les contraignit à plusieurs reprises à s'expatrier dans des pays européens acquis à la Réforme protestante, notamment à Genève. Cet exil leur avait permis d'approfondir leurs convictions et favorisé la construction d'un rêve légitime de société idéale où leur foi pourrait s'épanouir librement. Après le décès de Marie Tudor, un grand nombre de ces réfugiés étaient retournés en Angleterre, espérant trouver un soutien auprès des nouveaux souverains. Les répressions initiées par William Laud les conduisirent à un nouvel exode. Au début du XVIIe siècle, plus de vingt mille « vrais protestants », comme les désignait le pasteur puritain Cotton Mather (1663-1728), quittèrent le pays pour rejoindre la Nouvelle Angleterre[23].

La traversée de l'Atlantique à bord du *Mayflower* (1620) reste l'épisode le plus emblématique de cet exode. Le récit de cette épopée fut rédigé par le pasteur et gouverneur William Bradford (1590-1657), lui-même passager du navire. Dans son essai *Histoire de la colonie de Plymouth* rédigé entre 1630 et 1651, Bradford raconte les péripéties de la traversée, les crises et les périls, les interventions providentielles du Dieu qui accompagne les colons dans leur pérégrination et leurs préparatifs en vue de fonder une colonie inspirée de l'Evangile[24]. Ce récit est aujourd'hui considéré comme l'acte fondateur des lettres américaines[25]. Suivie d'autres expéditions entre 1620 et 1630, cette épopée est entrée dans la légende. Elle est une donnée fondamentale pour comprendre la vision que les Etats-Unis se forment de leurs origines[26]. La Nouvelle Angleterre a été colonisée par des croyants motivés par de profondes convictions religieuses et par une grande soif de liberté, en raison des violentes persécutions dont beaucoup d'entre eux avaient fait l'objet. Sans aucun doute. Ces motivations furent indéniablement leur raison d'être. Elles ne furent pour autant pas les seules.

Utopie et représentation puritaines

Les familles puritaines qui prenaient le large étaient aussi conduites par des nécessités économiques. Et cela bien plus que l'historiographie ne l'a montré jusqu'au XXe siècle. Il s'agissait tout autant de se prémunir contre une précarité économique grandissante dans l'Angleterre du début du XVIIe siècle. Par

---

[23] Cotton Mather, *Magnalia Christi Americana*, cité par Miklos Vetö, *La pensée de Jonathan Edwards, avec une concordance des différentes éditions de ses Œuvres*, Paris, L'Harmattan, Nouvelle édition remaniée, 2007, p. 13.
[24] William Bradford, *Histoire de la colonie de Plymouth : chroniques du Nouveau Monde 1620-1647*, traduction sous la direction de Lauric Henneton, Genève, Labor et Fides, 2004.
[25] Lauric Henneton, « William Bradford et la fondation des lettres américaines : entre écriture de l'Histoire et architecture de la mémoire », *Revue Française d'étude Américaine* 112 (juin 2017), p. 5-15.
[26] Miklos Vetö, *op. cit.*, p. 19.

ailleurs, les trente-cinq puritains (enfants inclus) provenant de Leyde (Provinces-Unies) ne se retrouvèrent pas seuls sur le *Mayflower*. À leur côté on compte également soixante-sept aventuriers montés à bord sur ordre de la compagnie d'investisseurs qui finançaient le voyage, de façon à augmenter les chances de survie une fois sur place. Les financiers de l'expédition le prévoyaient en cas d'attaque indienne, de famine ou d'épidémie. Parmi les cent-deux passagers présents au départ, une cinquantaine ne survécurent pas au froid[27].

L'originalité de cette expédition est un autre aspect de la reconstruction historique que nous évoquons. Les passagers du *Mayflower* n'étaient non seulement pas tous de pieux anglicans, mais pas davantage les premiers colons chrétiens établis dans cette partie du monde. Expliquer la naissance des futurs Etats-Unis à travers les Pères pèlerins est un lieu commun[28]. Dans son récit, William Bradford compare les colons à des pèlerins mais il est loin d'être le seul à l'avoir fait, cette association est récurrente depuis le XVIIe siècle. Sous sa plume l'expression fait référence à un extrait de la *Lettre aux Hébreux* 11, 13-16. Les croyants évoqués par l'écrivain biblique étaient des pèlerins qui se reconnaissaient « pour étrangers et voyageurs sur la terre », étaient « à la recherche d'une patrie », conscients de « celle dont ils étaient sortis ». Ils aspiraient « à une patrie meilleure, [...] une patrie céleste », où Dieu leur avait « préparé une ville ». Les puritains débarqués en Nouvelle-Angleterre au début du XVIIe siècle furent immédiatement associés aux croyants de cette péricope de la *Lettre aux Hébreux*. Si l'auteur de l'*Histoire de la colonie de Plymouth* n'est pas à l'origine de la formule, il en est l'inspirateur. Les puritains du *Mayflower* avaient conscience d'être des pèlerins :

> « C'est ainsi qu'ils laissaient la bonne et belle cité qui les avaient abrités pendant près de douze ans. Mais à ces considérations ils n'accordaient que peu d'importance. Leur destin était celui des pèlerins, qui n'ont qu'à lever les yeux au ciel, pour qu'aussitôt leur esprit soit apaisé : car c'est là que se trouve leur patrie la plus chère[29]. »

L'origine de l'expression Pères pèlerins est plus récente. Elle fut utilisée pour la première fois dans une ode composée par Samuel Davis à l'occasion d'une

---

[27] La précision de ces détails est le fruit de l'inlassable recherche de l'universitaire Lauric Henneton. Voir en ce sens Lauric Henneton, « Un homme, un récit, une légende : William Bradford, héros malgré lui ? », p. 30.
[28] Chady Hage-Ali affirme ainsi que l'épopée protestante anglaise dans le Nouveau Monde débuta en 1620 avec l'arrivée du *Mayflower* qui permit aux Pères pèlerins de fonder la première colonie permanente (*op. cit.*, p. 51). En dépit de ce lapsus, il faut souligner la pertinence et la justesse de la réflexion de l'auteur sur l'histoire du puritanisme colonial comme passage de persécuté à persécuteur (p. 55-57).
[29] William Bradford, *Histoire de la colonie de Plymouth : chroniques du Nouveau Monde 1620-1647*, p. 100.

commémoration qui eut lieu en 1799[30]. Il semble que sa première apparition sous une forme publiée date de 1841. Le pasteur Alexander Young (1805-1880), décrit son livre *The Pilgrim Fathers* comme « l'histoire authentique des Pères pèlerins qui ont fondé la colonie de Plymouth ». Cette histoire est une première, indique le sous-titre, « la première réalisée à partir de sources originales[31] ».

Dans ce domaine, une abondante littérature a participé à l'idéalisation des origines de la nation américaine[32]. Cette mythification s'est appuyée sur un discours faisant des Etats-Unis une nation exceptionnelle, terre providentielle des enfants de Dieu persécutés et ainsi identifié au puritanisme, comme si cette tradition particulière, voire le protestantisme même auquel elle se rattachait, était la seule explication de la foi aux Etats-Unis. L'universitaire Jean-Pierre Martin parle à ce sujet de « métonymie historique », figure de style qui transfère à un ensemble (ici la religion pratiquée aux Etats-Unis) l'une de ses composantes, le puritanisme[33]. Un raccourci bien commode, commente Bernard Cottret[34], pour les commentateurs européens en panne d'inspiration, qui laissent de côté d'autres épisodes de la colonisation antérieurs au débarquement du *Mayflower*.

C'est aussi oublier qu'un siècle plus tôt, à l'initiative de catholiques espagnols, d'autres implantations d'origine européenne avaient été fondées, comme ce fut le cas dans l'actuel Etat de Virginie. Le catholicisme était déjà remarquablement organisé en archevêché, évêché et paroisses où fleurissaient chapelles et cathédrales, séminaires et universités[35]. Les Espagnols fondèrent aussi la colonie San Miguel dans une contrée qui prendra ultérieurement le nom de Jamestown. C'est dans cette ville déjà colonisée par d'autres chrétiens que fut fondé au XVIIe siècle le premier établissement anglais permanent. En 1606, les Anglais armèrent

---

[30] Albert Mathews, « The Term Pilgrim Fathers and Early Celebrations of Forefathers'day », dans *Publications of the Colonial Society of Massachusetts*, vol. XVII, Boston, Published by the Society, 1915, p. 331.
[31] Alexander Young, *The Pilgrim Fathers of the Colony of Plymouth from 1602 to 1625, Now First Collected from Original Records and Contemporaneous Printed Documents and Illustrated with Notes*, Boston, Charles Little and James Brown, 1841, p. v.
[32] Voir en ce sens Bernard Cottret, Lauric Henneton, Jacques Pothier, Bertrand Vanruymbeke (éd.), *op. cit.*, p. 11-20, 87-100 ; Lauric Henneton, « Un homme, un récit, une légende : William Bradford, héros malgré lui ? », p. 19-47 ; « Pour en finir avec le mythe des origines : le Mayflower Compact », *Etudes théologiques et religieuses* 77 (2002/2), p. 235-255.
[33] Jean-Pierre Martin, *Le puritanisme américain en Nouvelle-Angleterre 1620-1693*, Talence, Presses Universitaires de Bordeaux, 1989, p. 10.
[34] Bernard Cottret, *Naissance de l'Amérique du Nord*, p. 18.
[35] Lauric Henneton, *Histoire religieuse des Etats-Unis*, Paris, Flammarion, 2012, p. 39-57 ; Peter Bakewell, *A History of Latin America*, Oxford, Blackwell, 2004, p. 137-158 ; Joseph Barnabas, « The Catholic Church in Colonial Spanish America », dans Leslie Bethell (éd.), *The Cambridge History of Latin America*, vol. 1, Cambridge/New York, Cambridge University Press, 1984, p. 511-540.

des navires qui prirent la direction de la Virginie, fraîchement achetée à l'Espagne. Le 29 avril 1607, les colons plantèrent une croix en un lieu qu'ils désignèrent Cape Henry en souvenir du Prince de Galles. Il est intéressant de remarquer que, bien avant que le *Thanksgiving* ne devienne une tradition annuelle à partir de l'année 1863, ces derniers célébrèrent un culte de reconnaissance sous la conduite de leur aumônier, le révérend Robert Hunt (1568-1608)[36].

Ces quelques exemples montrent qu'au moment de fonder en 1607 la première colonie protestante outre-mer, cette initiative précède le débarquement des passagers du *Mayflower*. Comme le fait remarquer Lauric Henneton, les colons anglais qui occupèrent la Virginie et le futur Massachussetts furent loin d'être des pionniers. Par ailleurs, une précédente expédition catholique avait également été organisée, cette fois en Floride, peuplée entre autres par des protestants luthériens. Ces derniers furent pourchassés lors de l'expédition conduite par Pedro Menéndez de Avilés sous les ordres du roi Philippe II d'Espagne (1527-1598). Ce massacre est à l'origine d'un établissement catholique localisé près de San Augustin en Floride[37]. Ces divers établissements plus anciens et, de l'avis de plusieurs spécialistes, plus représentatifs des origines chrétiennes des Etats-Unis, furent marginalisés. L'épopée plus romanesque du *Mayflower* fut estimée plus à même de favoriser la construction d'une certaine vision de l'identité. Avant de quitter le navire, les pèlerins conclurent une alliance connue sous le nom de *Mayflower Compact* :

> « Ayant entrepris pour la gloire de Dieu, pour le progrès de la foi chrétienne et l'honneur de notre roi et de notre pays, une expédition aux fins d'implanter la première colonie dans les régions septentrionales de la Virginie, par les présentes, en toute solennité et réciprocité, en la présence du Seigneur Dieu comme de tous les signataires, nous associons et nous formons ensemble en corps de société politique, et ce pour mieux ordonner, préserver et mener à bien les fins ci-dessus mentionnées ; et en vertu dudit contrat convenons de passer, promulguer et instituer telles lois, ordonnances, actes, constitutions et offices, tous justes et équitables, qu'il semblera à l'occasion adéquats et nécessaires pour le bien général de la colonie, et nous engageons à leur témoigner toute soumission et obéissance[38]. »

Par la suite, le *Mayflower Compact* sera souvent reçu comme le texte fondateur de la démocratie états-unienne. Pour Lauric Henneton, l'image du pèlerin héros et martyr de la liberté amalgame un peu vite une liberté de conscience, que les

---

[36] Carl Bridenbaugh, *Jamestown 1544-1699*, New York, Oxford University Press, 1980.
[37] Lauric Henneton, *Histoire religieuse des Etats-Unis*, p. 42-45.
[38] Traduction de Jean-Pierre Martin, *op. cit.*, p. 31.

colons revendiquaient pour eux mais rarement pour les autres, et une liberté politique dont il n'est nullement question en 1620[39].

Le puritanisme entre intransigeance et tolérance

L'historiographie des origines religieuses de la Nouvelle-Angleterre fut longtemps marquée par ce que Pierre Brodin décrivait au début du XXe siècle comme une « auréole de sainteté[40] ». Les « *unspotted lambs of the Lord* » (agneaux immaculés du Seigneur), formule par laquelle les puritains s'identifièrent au XVIIe siècle[41], auraient tous été de braves chrétiens, animés d'un zèle missionnaire qui les aurait motivés à fuir une Europe intolérante pour vivre leur foi dans le respect des droits de chacun, principalement celui de la conscience et ainsi garantir la liberté de vivre l'Evangile. Tel ne fut pas le cas des Amérindiens, qui bénéficièrent rarement d'une aussi libre conscience, contrairement à l'image que peuvent en donner des commémorations comme le *Thanksgiving*. Pour beaucoup de colons, ils représentaient les restes d'une « race maudite » que le « Démon » avait conduite dans cette partie du monde[42]. Les Indiens furent conçus comme des êtres issus de la race de Cham, fils indigne de Noé. De telles convictions permirent, entre autres, de justifier les spoliations et les raids meurtriers de 1622 et de 1642 que certains « agneaux immaculés du Seigneur » firent subir aux populations indigènes[43]. Ce sont aussi des colons puritains anglais qui massacrèrent la communauté indienne Pequot, quasiment exterminée en 1637 sur la Mystic River[44]. C'est de cette même époque que date l'invention des réserves indiennes[45]. Certains, certes car d'autres approches existèrent, qui demeurèrent exceptionnelles. Nous pensons aux efforts du pasteur John Elliott pour apprendre la langue des Algonquins, traduire la Bible dans ce langage, et pour éduquer les enfants. Il importe aussi de rappeler que la communauté des quakers se distingua aussi par sa bienveillance et sa tolérance. Ces réalités font dire à Jean-Louis Benoit que l'Amérique du Nord a « fondé sa

---

[39] Lauric Henneton, « Un homme, un récit, une légende : William Bradford, héros malgré lui ? », p. 41.
[40] Pierre Brodin, « Quelques aspects de la vie religieuse en Nouvelle-Angleterre au XVIIe siècle », *Revue d'histoire moderne* 9/12 (1934), p. 97.
[41] Philip Benedict, *Christ's Churches Purely Reformed. A Social History of Calvinism*, New Haven/London, Yale University Press, 2008, p. 246.
[42] Jean Baubérot, *op. cit.*, p. 52 ; Jean-Louis Benoit, « L'évangélisation des Indiens d'Amérique », *Amerika* 8, 21 juin 2013, p. 26, [en ligne] disponible sur www.amerika.revues.org/3988 ; Frank Lestringant, *Le huguenot et le sauvage. L'Amérique et la controverse coloniale, en France, au temps des guerres de religion*, Genève, Droz, 2004, p. 360 ; Marie-France Toinet, « Aux sources puritaines des Etats-Unis », *Le Monde diplomatique* (mai 1995), p. 12.
[43] Jean Baubérot, *op. cit.*, p. 52.
[44] William Bradford, *op. cit.*, p. 25-34.
[45] Carmen Bernand et Serge Gruzinski, *Histoire du Nouveau Monde*, t. 2, Paris, Fayard, p. 604.

colonisation sur une discrimination, une expropriation, voire une élimination ultérieure de la population indienne ». Selon l'historien il ne fut « jamais question de fonder un peuple nouveau avec les Indiens mais un Monde Nouveau sans eux (de préférence WASP, white, anglo-saxon, protestant)[46] ».

Le puritanisme de Nouvelle-Angleterre affirma très tôt avoir reçu de Dieu une mission d'exemplarité tout à fait singulière. Toutefois, la compréhension de ce rôle spirituel confié par Dieu ne fut pas univoque. Mentionnons à titre d'exemple deux chefs de file du puritanisme colonial. Tout d'abord John Winthrop (1587-1649), fondateur emblématique de la colonie de la baie du Massachusetts. Dans son fameux sermon *A Model of Christian Charity* (1630), le révérend compare les colonies américaines à une « cité sur la colline » sur laquelle le monde entier fixe les yeux. Winthrop rêve d'une chrétienté où le religieux et le politique pourraient se soutenir réciproquement.

Dans un tel contexte, le respect d'une conscience libre d'adorer comme on l'entendait demeura marginal. A combien plus forte raison celle de ne pas adorer. Dans l'ensemble, les puritains furent hostiles à cette notion qui remettait en question l'un de leurs concepts les plus essentiels, l'ordre, auquel ils assignaient « des vertus ontologiques[47] ». L'hérésie étant diabolique, la société puritaine ne pouvait admettre l'idée d'une divergence, et encore moins la reconnaissance de l'authenticité de la foi du croyant faisant l'expérience de cette divergence : « Que les hommes de Dieu, au tribunal comme au temple, surveillent ceux qui réchaufferaient la tolérance en leur sein[48]. » Le pasteur John Cotton n'hésita pas à déclarer : « La tolérance ne compta jamais parmi les fins de nos premiers colons, qui en étaient les ennemis déclarés[49]. »

Cependant, à cette même époque, cette vision faisait débat. L'histoire se souviendra de l'opposition du pasteur Roger Williams (1603-1683) à toute ingérence civile en matière de religion et de son combat pour faire respecter la conscience et la liberté de culte. Père fondateur de la colonie de Rhode Island, Williams fut banni en 1635 et vigoureusement désavoué par ses principaux adversaires John Cotton et Cotton Mather[50]. Le pasteur défendit jusqu'au bout un idéal d'accueil des marginaux et des hérétiques rejetés par les autres colonies, entre autres quakers, anabaptistes, juifs, et un grand nombre de non-

---

[46] Jean-Louis Benoit, *op. cit.*, p. 26, 27.
[47] Jean-Pierre Martin, *op. cit.*, p. 116.
[48] *Ibid.*
[49] *Ibid.*
[50] Marc Boss, « Introduction », *Etudes théologiques et religieuses* 88 (2013/1), hors-série, Marc Boss (éd.), *Genèse religieuse de l'Etat laïque. Textes choisis de Roger Williams*, p. 9-39.

pratiquants[51]. Au nombre desquels il faut ajouter les catholiques, une catégorie d'impénitents particulièrement intolérable dans le monde puritain anticatholique[52]. Williams ne voulait pas leur exclure le bénéfice de la liberté[53] et désapprouva l'injustice des persécutions dont ils furent l'objet :

> « Pourquoi devrait-on opprimer leur conscience plus que celle d'autres personnes ? [...] Qu'est-ce qui a pu enrager et désespérer les papistes en Angleterre, en Irlande, et ailleurs ? Qu'est-ce qui a pu à ce point aigrir et exaspérer leur esprit, sinon les lois édictées qui s'opposent à leur conscience et à leur culte ? Nous devrions garantir aux papistes, aux Juifs ainsi qu'aux Turcs, le droit d'exercer librement et continuellement leur foi et leur culte[54]. »

Écrits dans le contexte de la polémique qui l'opposait à l'intransigeant pasteur John Cotton (1585-1652), ces mots sont extraits du second ouvrage de Roger Williams sur le thème de la tolérance[55], en réponse à celui de Cotton[56] qui lui-même répliquait à la première publication de Williams[57]. Fait assez rare qu'il serait injuste de passer sous silence, dans son refus des interprétations typologiques traditionnellement admises à l'époque consistant à affirmer que les puritains sont appelés à revivre l'expérience du peuple d'Israël, Williams récuse l'assimilation des Indiens aux populations livrées par Dieu à Israël[58].

Peut-on pour autant en déduire que la tolérance qu'il défendait fut inconditionnelle ? Une peinture idéalisée le montre comme opposé à toute forme d'intolérance et à une « cité de Dieu sur la colline » exclusivement composée d'élus puritains. Selon cette représentation, Williams aurait promu une approche pluraliste par laquelle les chrétiens pouvaient être des témoins de Dieu dans la cité, sans pour autant rendre cette dernière intolérante et exclusive. C'est tout au moins l'interprétation la plus courante, à propos de laquelle Marc Boss et Liliane Crété apportent une substantielle nuance[59]. En dépit de sa

---

[51] Dominique Deslandres, « Le christianisme dans les Amériques », dans Jean-Marie Mayer, Charles et Luce Pietri, André Vauchez, Marc Venard (éd.), *op. cit.*, p. 683-685, 694.
[52] Compte tenu de l'époque, l'épithète assorti à celui de puritain fait pléonasme.
[53] Joseph Lecler, *Histoire de la tolérance au siècle de la Réforme*, Paris, Albin Michel, 1994, p. 812.
[54] Roger Williams, *The Bloudy Tenent yet More Bloody by Mr. Cottons Endevour to Wash it White in the Blood of the Lambe*, London, Giles Calvers, 1652, p. 181, 220. Nous avons consulté l'édition originale des ouvrages de Williams et de Cotton et conservé l'orthographe de la typographie originale.
[55] Roger Williams, *The Bloudy Tenent, of Persecution, for Cause of Conscience, Discussed in a Conference Betweene Truth and Peace*, s. l., s. e., 1644.
[56] John Cotton, *The Bloudy Tenent Washed and Made White in the Bloud of the Lambe*, London, s. e., 1647.
[57] Roger Williams, *The Bloudy Tenent yet More Bloody by Mr. Cottons Endevour to Wash it White in the Blood of the Lambe*, London, Giles Calvers, 1652.
[58] Jean-Pierre Martin, *op. cit.*, p. 56-57.
[59] Marc Boss, *op. cit.*, p. 9-39 ; « Roger Williams propagateur de l'œuvre de Calvin en Nouvelle-Angleterre ? », dans Daniel Bolliger, Marc Boss, Mireille Hébert, Jean-François Zorn (éd.), *Jean Calvin : les visages multiples d'une réforme et de sa réception*, Lyon, Olivétan, 2009, p. 261-283 ; Liliane Crété, *op. cit.*, p. 150-158.

remarquable ouverture et d'une surprenante présence sur le mur de la Réformation de Genève, le pasteur se montra lui-même intolérant à l'égard de ceux qui ne partageaient pas sa compréhension de l'Evangile[60]. Williams ne fut en effet ni Sébastien Castellion (1515-1563), ni John Locke (1632-1704), ni Pierre Bayle (1647-1706)[61].

Notons qu'en dehors de l'attitude isolée de Castellion et de chrétiens anabaptistes[62], le XVIᵉ siècle ne connut ni le mot ni le concept de tolérance. Au lendemain de l'exécution du médecin et théologien Michel Servet, déclaré hérétique et brûlé vif le 27 octobre 1553 sur un bûcher dressé non loin de Genève, Castellion s'indigna devant une telle démonstration de violence pour condamner un penseur dont la réflexion éminemment protestante ne rejoignait certes pas celle de Calvin et de Théodore de Bèze sur tous les fronts. Sous un pseudonyme, Castellion publia son *Traité des hérétiques* (1554), auquel de Bèze répliqua par un traité dans lequel il justifia la mise à mort de Servet. Castellion lui répondra dans un traité publié tardivement pour cause de censure *Contre le libelle de Calvin* (1612), dans lequel nous lisons la fameuse déclaration : « Tuer un homme, ce n'est pas défendre une doctrine, c'est tuer un homme. Quand les Genevois ont tué Servet, ils ont tué un homme ». Dans *Conseil à la France désolée* (1562), ouvrage condamné par le synode réformé de Lyon de 1563, le théologien dénonça « le forcement des consciences ». En dépit de leurs efforts pour promouvoir la lecture des Saintes Ecritures, le respect d'une libre compréhension fut effectivement combattu par Calvin et de Bèze. Quelques années plus tôt, Luther s'était montré tout aussi intransigeant alors qu'il condamnait le soulèvement des paysans dans un écrit d'une impressionnante violence, *Contre les hordes pillardes et criminelles des paysans* (1525) :

> « Celui qui le peut doit abattre, massacrer et tuer secrètement ou publiquement, et se rappeler qu'il ne peut y avoir rien de plus venimeux, de plus nuisible et de plus diabolique qu'un insurgé. [...] Pourfende, frappe et étrangle qui peut. Si tu dois y perdre la vie, tu es heureux. Tu ne pourras jamais connaître de mort plus bienheureuse. Car tu meurs dans l'obéissance à la

---

[60] Liliane Crété, *op. cit.*, p. 150, 151.
[61] Vers la fin du XVIIᵉ siècle, Locke et Bayle exprimeront différentes conceptions de la tolérance et affirmeront un droit plus large de croire autrement. Cependant, pour Locke elle se limite à être une mesure de conciliation. Il s'agit de permettre ce que l'on ne peut éviter par la force. Cette tolérance est par ailleurs sélective et ne saurait être accordée ni aux athées, ni aux catholiques. Réfléchissant sur la liberté de conscience, Bayle n'en admet en revanche aucune restriction et plaide en faveur du droit à l'erreur. Bernard Cottret, « Tolérance ou liberté de conscience ? Épistémologie et politique à l'aube des Lumières », *Etudes théologiques et religieuses* 65 (1990), p. 333-350.
[62] Neal Blough, *Les révoltés de l'évangile. Balthasar Hubmaier et les origines de l'anabaptisme*, Paris, Cerf, 2017.

Parole et à l'ordre de Dieu (Romains XIII) et au service de l'amour [...] Que chaque chrétien fidèle dise ici "Amen"[63]. »

Si la tolérance prônée par Roger Williams mérite bel et bien d'être signalée, elle ne fut pourtant pas unique à son époque en Nouvelle-Angleterre. Le baron de Baltimore Cecilius Calvert (1605-1675) fonda sa colonie du Maryland également sur un principe de tolérance jusqu'alors inédite qui, outre les catholiques, le fit accueillir quakers, presbytériens et anglicans[64]. On l'observe aussi dans la pensée de William Penn (1644-1718) qui fut à l'origine d'une colonie fondée en 1681, depuis lors baptisée Pennsylvanie en hommage à son fondateur[65]. Penn était membre d'une dissidence de l'anglicanisme (les *quakers*), laquelle ne s'apparente pas directement au puritanisme en dehors du fait même de cette démarcation avec l'Eglise établie d'Angleterre et de quelques principes de vie chrétienne, pour la plupart communs aux protestants de ce temps. Les *quakers* se distinguèrent par leur refus du service militaire et de la prestation de serment aux autorités, attitudes qui au XVIIe siècle n'allaient pas de soi. À ce pacifisme et au respect de la conscience humaine, il faut signaler d'importantes œuvres sociales et éducatives, enfin ultérieurement pour certains d'entre eux, un combat contre l'esclavagisme[66].

Le charme de la citadelle

Ainsi que l'observe très justement Jacques Sys, les Pères pèlerins avaient une « conscience suraigüe de leur élection[67] ». Cette élection divine ne concernait pas uniquement la communauté ou les croyants en tant qu'individus. La colonie tout entière était perçue comme un espace accordé par Dieu, non seulement en tant que lieu de refuge pour offrir aux croyants persécutés un havre de paix, mais comme lieu en quelque sorte sacralisé. Il avait été voulu par Dieu, à l'instar de Canaan pour les Hébreux au sortir de l'Égypte. Les puritains étaient en effet en quête d'un nouveau monde théologiquement décliné sur le modèle de la Terre Promise. Par une relecture originale des récits bibliques de conquêtes de cette terre sainte, ils reconstruisirent leur histoire en s'appuyant sur une lecture littérale des récits de l'Ancien Testament. La migration vers les terres préparées

---

[63] Martin Luther, *Œuvres II*, Édition publiée sous la direction de Marc Lienhard et Matthieu Arnold, Paris, Gallimard, Bibliothèque de la Pléiade, 2017, p. 218, 222, 223.
[64] Dominique Deslandres, *op. cit.*, p. 694.
[65] Andrew Murphy, *Liberty, Conscience, and Toleration. The Political Thought of William Penn*, New York, Oxford University Press, 2016 ; Andrew Murphy et Sarah Morgan Smith, « Law and Civil Interest : William Penn's Tolerationism », dans Eliane Glaser (éd.), *Religious Tolerance in the Atlantic World. Early Modern and Contemporary Perspectives*, Basingstoke, Palgrave Macmillan, 2014, p. 111-133.
[66] Dominique Deslandres, *op. cit.*, p. 693, 694, 716.
[67] Jacques Sys, « L'Amérique puritaine et la Bible », dans Jean-Claude Eslin, Catherine Cornu (éd.), *La Bible 2000 ans de lectures*, Paris, Desclée de Brouwer, 2003, p. 347.

par la Providence fut interprétée comme un nouvel exode, une traversée de la mer Rouge pour échapper à la répression des pharaons d'Europe[68].

Le colon anglais John Rolfe (1585-1622) l'envisageait ainsi, parti en 1610 vers la Virginie pour y développer la culture du tabac. Quelques années plus tard, alors qu'il retournait en Angleterre accompagné de son épouse, la fameuse indienne Pocahontas, et de son beau-père le chef Powhatan afin de rencontrer ses investisseurs, il rédigea un rapport sur les progrès du travail accompli en Virginie. Ce manuscrit, publié en 1618 sous le titre *A True Relation of the State of Virginia Lefte by Sir Thomas Dale, Knight, in May last 1616* est nourri de références à la Bible, convoquée pour affirmer la mission divine des colons en terre amérindienne. John Rolfe évoque dans ces termes la « paisible occupation de la terre » par les colons :

> « La main de Dieu a montré sa puissance en nous protégeant jusqu'ici de ces malheurs ; que pouvons-nous craindre si ce n'est de nous montrer sans attendre comme un peuple spécial, marqué et choisi par le doigt de Dieu, comme lui appartenant, car sans aucun doute, il est avec nous[69]. »

Dans son fameux sermon *A Model of Christian Charity*, John Winthrop, responsable d'une importante expédition (onze navires, sept cent passagers) en 1630, à l'origine de la fondation de la colonie de la baie du Massachusetts, considère que les pèlerins font l'objet d'un engagement spécial avec Dieu. À ses yeux, ils ne doivent pas perdre de vue qu'ils sont « une cité sur la colline » sur laquelle « tous ont les yeux rivés[70] ».

Dans son *Histoire de la colonie de Plymouth*, William Bradford commente dans ces termes le massacre des Indiens Péquots (1637), perpétré par les colons puritains débarqués dix-sept années plus tôt du *Mayflower* :

> « Les Anglais lancèrent courageusement l'assaut en tirant droit devant eux [...] se précipitèrent dans les maisons pour aller y chercher du feu, avant d'en ressortir et de les incendier. Les nattes s'enflammèrent rapidement et comme les maisons étaient proches les unes des autres, à l'aide du vent, c'est l'ensemble du camp qui fut rapidement en flammes. L'incendie fut encore plus meurtrier que le combat lui-même. Le feu brûlait la corde des arcs de l'ennemi et les rendait inutilisables, et tous ceux qui tentaient de fuir l'incendie étaient tués à l'épée, certains découpés en morceaux. [...] On pouvait estimer que 400 avaient

---

[68] Sur le recours récurrent au récit de l'exode et de la traversée de la mer Rouge dans le discours puritain, voir Malise Ruthven, *Fundamentalism. The Search for Meaning*, Oxford, Oxford University Press, 2004, p. 128 ; David Zeidan, *A Comparative Study of Selected Themes in Christian and Islamic Fundamentalist Discourses*, Leiden, Boston, Koninklijke Brill, 2003, p. 12.

[69] Cité par Malie Montagutelli, « La destinée manifeste », dans Mokhtar Ben Barka (éd.), *L'exceptionnalisme politico-religieux aux Etats-Unis. Un peuple élu par Dieu ?*, Arras, Artois Presses Université, 2016, p. 23.

[70] Richard Dunn et Laetitia Yeandle (éd.), *The Journal of John Winthrop 1630-1649*, Abridged Edition, Cambridge/London, Harvard University Press, 1996, p. 10.

été mis à mort. Quel spectacle effroyable que de voir ces Indiens griller dans les flammes que les torrents de sang éteignaient presque ! Et quelle odeur atroce ! Mais la victoire, elle, était une offrande d'une agréable odeur à l'Eternel, et ils en rendirent grâce au Seigneur qui avait fait des prodiges pour eux : c'est Lui qui leur avait permis d'encercler l'adversaire et rendu possible une victoire si rapide contre un ennemi si arrogant[71]. »

Epilogue

Sur fond de réminiscences bibliques, l'écriture de Bradford laisse apparaître plusieurs caractéristiques du puritanisme dont la plupart marquent aujourd'hui encore la conscience religieuse et politique des Etats-Unis.

Organisée autour du mythe de l'ennemi, la stratégie puritaine fut offensive. A travers un langage fréquemment martial, l'autre fut décrit en termes d'ennemi, d'adversaire, d'antagoniste absolu contre lequel il fallait monter à l'assaut et remporter la victoire. Le discours puritain essentialisait toute altérité. Devant soi n'existaient que *les* Indiens, *les* quakers, *les* baptistes, *les* catholiques, *les* hérétiques, enfermés dans un bloc monolithique. De manière manichéenne, le monde fut divisé en deux sous-espèces mutuellement exclusives, incarnant le bien ou le mal. La littérature puritaine invoque la présence d'ennemis, y compris et d'abord ceux qui sont situés à l'intérieur de la communauté chrétienne, comme des personnages coupables de tous les maux qui l'accablent. Lorsque d'autres manières de vivre ou des opinions sont mentionnées, c'est dans l'objectif de les condamner. Les auteurs puritains ne prennent nullement en compte les éléments positifs de l'argumentation adverse. Rien ne semble être appréciable chez cet autre, cet ennemi, approché seulement dans ce qu'il a de pire. Comme l'observe Jean-Pierre Martin, dans cette perspective la discipline puritaine ne se limite pas à une adhésion obligée à des règlements, à des prescriptions, elle est comprise comme allégeance, engagement d'une totale probité à un style de vie d'ordre cosmique et céleste[72]. Inversement, le mal commis, qu'il provienne d'un dehors ou d'un dedans souille la communauté puritaine. Il devient alors urgent de corriger les enfants qui plaisantent, font des farces le jour du premier avril, d'admonester ceux qui jouent aux cartes, assistent à un spectacle de prestidigitation, jouent aux boules, portent des vêtements à manches courtes, fut-ce par une amende. Et dans le cas de peines plus graves, par l'ablation d'une oreille, la flagellation, une marque au fer rouge.

---

[71] Sur le massacre de la communauté Péquot, voir Alfred Cave, *The Pequot War*, Amherst, University of Massachusetts Press, 1996 ; Alden Vaughan, « Pequots and Puritans : The Causes of the War of 1637 », *The William and Mary Quarterly* 21/2 (Avril 1964), p. 256-269.
[72] Jean-Pierre Martin, *op. cit.*, p. 71-128.

Voire par la mort pour avoir ramassé du bois le jour du *Sabbath*. L'hérésie doctrinale constitue par ailleurs l'un des traits les plus diaboliques du péché :
« Du visage de la mort, reine des Terreurs, l'homme vivant par instinct détourne la face. Un aspect inhabituel, une vision satanique, un fantôme ou une apparition fait naître la frayeur chez les disciples (du Christ). Mais le visage de l'hérésie est d'un aspect plus horrible que toutes ces choses [...] mises ensemble, comme signalant quelque accroissement notable du pouvoir des ténèbres en ce qu'il y a de plus diabolique, de gigantesque, de colossal[73]. »

Dès lors, dans la société puritaine aucun espace n'était envisageable pour la dissemblance, pour l'objection, pour le débat, la tolérance. Cela aurait été trahir[74]. La certitude d'être du bon côté rassurait. Point n'était besoin de questionnement. L'ennemi était en face de soi. Il était certes susceptible de s'infiltrer tel un cheval de Troie à l'intérieur du groupe, mais les « saints immaculés du Seigneur » n'étaient aucunement impactés. L'adversaire, qu'il fut Indien ou puritain, et dans ce cas donc hérétique, demeurait néanmoins à l'extérieur.

Pour les puritains, les difficultés ne pouvaient exister qu'en face. Ils en étaient hors d'atteinte, l'espace dans lequel ils vivaient leur foi avait une origine divine, il ne pouvait être que différent. En faisant le choix de vivre dans l'enclos de la Nouvelle-Angleterre, ils étaient à l'abri d'un virus qui ne pouvait infecter que les autres. L'enclave protectrice de la citadelle offrait le confort de ne pas rencontrer l'ennemi, de n'avoir aucun contact avec lui, protégeant ainsi les croyants d'une éventuelle contamination. À l'intérieur, sans autre dialogue qu'avec leurs pairs et, le plus souvent, sans autre lecture que des publications internes (l'étranger n'est pas lu dans une démarche d'enrichissement, mais en vue de sa désapprobation), les puritains se maintinrent dans un entre soi capable d'assurer la préservation de leur identité.

Le puritanisme apparut du fait de profondes insatisfactions et d'impitoyables répressions endurées pour avoir osé dénoncer ce qui n'était qu'un compromis entre Réforme et catholicisme romain. William Bradford rappelle les souffrances endurées en Europe par les puritains « depuis que la lumière de l'Evangile jaillit dans notre honorable nation d'Angleterre, première entre toutes les nations que le Seigneur illumina quand les épaisses ténèbres du papisme avaient inondé le monde chrétien [...] avant que les Eglises de Dieu ne retournent

---

[73] John Norton, *The Heart of New England Rent at the Blasphemies of the Present Generation. Or a Brief Tractate Concerning the Doctrine of the Quakers, Demonstrating the Destructive Nature thereof, to Religion, the Churches, and the State, with Consideration of the Remedy Against it. Occasional Satisfaction to Objections, and Confirmation of the Contrary Trueth, Teacher of the Church of Christ at Boston*, Cambridge, Samuel Green, 1659. Cité et traduit par Jean-Pierre Martin, *op. cit.*, p. 116.
[74] Jean-Pierre Martin, *ibid.*

à leur ancienne pureté et recouvrent l'ordre, la liberté et la beauté de leur état primitif[75] ».

La ferveur puritaine se nourrit de l'aspiration primitiviste à un retour au christianisme initial[76]. C'est en ce sens qu'il faut comprendre le puritanisme comme mouvement, non dans celui d'une homogénéité, d'une organisation, et encore moins d'un progressisme. Devant ce qu'ils interprétaient comme une faillite de la Réforme, les puritains appelaient à un protestantisme authentique et pour cela blâmèrent, anathématisèrent. La surveillance du manque, la dénonciation de la déficience devinrent des constituants essentiels de la mission. Conséquence de l'assurance que donne la conviction d'être la substance, le résidu de l'Église initiale, ce qui subsiste d'elle après l'horreur. L'essence d'un christianisme immaculé. De même que Dieu s'était réservé « sept mille hommes, tous ceux dont les genoux n'ont pas plié devant le Baal et dont la bouche ne lui a pas donné de baisers », de même au XVIIe siècle demeurait un *remnant* fidèle et victorieux[77]. Une telle revendication d'authenticité, de conformité, de pureté, ne saurait cependant être circonscrite au seul puritanisme. Aux XVIe et XVIIe siècles, la conscience de détenir le vrai et la violence qui en résulte s'observent dans de nombreux autres courants. À cette époque, l'autre n'est plus un simple voisin. Parce qu'il diffère, pense autrement la foi, il est un ennemi de Dieu, un hérétique mécréant qu'il faut appeler à la rétractation. Voire, s'il la refuse, éliminer. Tolérer l'autre fut compris comme un acte criminel. La violence devint licite. Le meurtre cessa d'être un crime, il devint devoir. L'altérité fut perçue comme un adversaire qu'il était parfaitement légitime, voire louable, de décimer[78].

Actualité du puritanisme

Distinguer des formes ou des fragments de puritanisme dans l'évolution du christianisme états-unien est une chose. Qu'il s'agisse de réelles filiations en est

---

[75] William Bradford, *op. cit.*, p. 57.
[76] Sur le caractère ouvertement primitiviste du puritanisme, voir Lauric Henneton, *La fin du rêve américain?*, Paris, Odile Jacob, 2017, p. 33, 34 ; William Bradford, *op. cit.*, p. 57 ; Theodore Bozeman, *To Live Ancient Lives. The Primitivist Dimension in Puritanism*, Chapel Hill, University of North Carolina Press, 1988.
[77] 1 Rois 19, 18. Dans le langage puritain, le terme *remnant* (voire *saving remnant*) associe les notions de reste, de survivant, de rescapé, de germe d'un monde nouveau. Voir en ce sens Liliane Crété, *op. cit.*, p. 119. Sur la notion puritaine de *remnant*, voir également, Pierre Petillon, « *Day of Doom* : la rhétorique de la fin des temps dans la Nouvelle-Angleterre du XVIIe siècle », dans Robert Hellrodt, Bernard Brugière (éd.), *Âge d'or et Apocalypse*, Paris, Publications de la Sorbonne, 1986, p. 66, 71.
[78] Voir en ce sens l'admirable réflexion de Denis Crouzet et de Jean-Marie Le Gall, *Au péril des guerres de Religion*, Paris, Presses Universitaires de France, 2015, p. 19-49. Voir également Tzvetan Todorov, *La peur des barbares. Au-delà du choc des civilisations*, Paris, Robert Laffont, 2008, p. 149, 150.

une autre. Parler d'influence est aventureux. Le risque est d'attribuer à la source de l'ascendant prétendument exercé l'entière paternité de ladite influence. En ce sens, il est périlleux de considérer la notion de puritanisme comme une réalité extensible en cherchant à appliquer sur ce phénomène chrétien des jugements de valeur d'une autre époque. Des faits et des sources ancrés dans un moment particulier de l'histoire sont difficilement transposables. Tout au moins pouvons-nous, à l'instar des chercheurs du *Fundamentalism Project*, mettre en relief des *family resemblances*[79], sorte de substrat commun reliant des expressions diverses d'un courant de pensée dont la diffusion ne s'est pas toujours faite sous le mode de réelles filiations, mais aussi par phénomène de capillarité. À cet égard, le puritanisme a coloré en profondeur la culture états-unienne. Dans cette optique nous conclurons notre réflexion en nous limitant à l'idée d'exceptionnalisme puritain, ce « sentiment d'être un peuple à part, choisi par Dieu », l'un des legs de la période puritaine, rappelle Lauric Henneton[80].

Les puritains parlaient abondamment de sainteté, terme qu'il faut comprendre non dans le sens d'une exemplarité reconnue mais comme une mission d'exception. Saint, le puritain croyait l'être parce qu'il était unique, exceptionnel dans le rôle qu'il pensait être appelé à jouer dans un monde qu'il considérait comme ennemi. L'identité puritaine s'est ainsi graduellement construite aux dépens de cet ennemi, qui d'une certaine façon a contribué à la fabrication de la sécurité à laquelle il aspirait. Cet autre le définissait, comme l'exprime le théologien James Alison dans une fulgurante réflexion sur ce qu'il appelle « identité tribale[81] ».

Dans un sens plus large, les notions puritaines de sainteté et d'élection serviront ultérieurement à légitimer le concept de *manifest destiny*, construit à partir d'une conviction du même type, mythe d'une nation fondée sur des valeurs religieuses, voire choisie par Dieu. En conséquence de quoi elle serait appelée à un avenir providentiel et investie d'une mission universelle[82].

Le mythe providentialiste d'une nation élue et missionnaire réapparaitra notamment au moment de la Révolution, puis au cours de la très meurtrière guerre de Sécession (1861-1865), lors de l'engagement des Etats-Unis dans les deux guerres mondiales en 1917-1918, puis en 1944-1945. Ainsi le 9 janvier 1900,

---

[79] Martin Marty, Scott Appleby, « Conclusion. An Interim Report on a Hypothetical Family », dans Martin Marty, Scott Appleby (éd.), *Fundamentalisms Observed*, Chicago/London, The University of Chicago Press, 1994, p. 816.
[80] Lauric Henneton, *Histoire religieuse des Etats-Unis*, p. 14, 15.
[81] James Alison, *12 leçons sur le christianisme*, Paris, Desclée de Brouwer, 2015, p. 243, 244.
[82] Voir en ce sens Charles Coutel, Mokhtar Ben Barka, Olivier Rota (éd.), *op. cit.* ; Mokhtar Ben Barka (éd.), *L'exceptionnalisme politico-religieux aux Etats-Unis. Un peuple élu par Dieu ?*, Arras, Artois Presses Université, 2016.

pour soutenir la guerre, le sénateur américain Albert Beveridge affirmera devant le Sénat :

> « Dieu a fait de nous les maîtres organisateurs du monde pour établir un système là où règne le chaos [...] Il nous a rendu compétents pour gouverner afin d'offrir un gouvernement aux peuples sauvages et séniles [...] Il a désigné le peuple américain comme la nation qu'il a choisie pour régénérer le monde. C'est la mission divine de l'Amérique [...] Nous administrons le progrès du monde, dont nous sommes les garants de la justice et de la paix[83]. »

A la veille de la Première Guerre mondiale le président Woodrow Wilson utilisera également cette rhétorique : « L'Amérique[84] a l'immense privilège d'accomplir sa destinée et de sauver le monde[85]. » Alors qu'il était encore gouverneur du New Jersey, le futur président des Etats-Unis déclarera dans cette même veine en 1911 :

> « L'Amérique est née en tant que nation chrétienne. L'Amérique est née pour illustrer cette dévotion aux éléments de la droiture qui proviennent des révélations des Saintes Ecritures. Mesdames et Messieurs, j'ai une chose très simple à vous demander. J'appelle tout homme et toute femme présents ce soir dans cette assemblée à prendre conscience qu'une part de la destinée de l'Amérique réside dans votre lecture quotidienne et attentive de ce grand livre de révélations. S'ils veulent voir l'Amérique libre et pure, ils rendront leur propre esprit libre et pur en s'immergeant dans les Saintes Ecritures[86]. »

En ce sens, le président Ronald Reagan n'hésitera pas à déclarer en 1982 :

> « Nous sommes un pays sous le règne de Dieu. J'ai toujours pensé que ce pays béni a été mis à part d'une manière particulière, qu'un plan divin a placé ce grand continent ici, entre les deux océans, pour qu'il puisse être trouvé par des gens provenant de tous les coins de la terre[87]. »

---

[83] Albert Beveridge, « In Support of an American Empire », *Congressional Record*, LXIe congrès, première session, volume 33, p. 711.
[84] L'assimilation des Etats-Unis d'Amérique à l'Amérique elle-même n'est certes pas le seul fait de Wilson. La nature exceptionnelle de la mission divine touche également au vocabulaire. Les Etats-Unis ne constituent pas une part du continent américain, ils sont l'Amérique. Alors que la première désignation renvoie à une réalité objective (les Etats-Unis) et en tant que telle insuffisante, la seconde est une « entité affective » qui relève de la nation en tant que « communauté imaginée ». Lauric Henneton, *La fin du rêve américain ?*, p. 12 ; Benedict Anderson, *L'imaginaire national. Réflexions sur l'origine et l'essor du nationalisme*, Paris, La Découverte, 2002.
[85] Ernest Tuveson, *Redeemer Nation. The Idea of America's Millennial Role*, Chicago, University of Chicago Press, 1968, p. 212, cité par Robert Jewett et John Lawrence, *Captain America and the Crusade against Evil. The Dilemma of Zealous Nationalism*, Grand Rapids, Eerdmans, 2003.
[86] Littéralement : « à travers un baptême » dans les Saintes Ecritures. Woodrow Wilson, *The Bible and Progress. Address of Hon. Woodrow Wilson, Governor of New Jersey, in the Auditorium, Denver, Colo. On the Occasion of the Tercentenary Celebration of the Translation of the Bible into the English Language, May 7, 1911*, New York, M.B. Brown Printing & Binding, 1915, p. 8.
[87] David Sheperd, *Ronald Reagan. In God we Trust*, Wheaton, Tyndale House Publishers, 1984, p. 138-139. Le président appuie sa réflexion sur des propos tenus par George Washington, soutenant que « la religion, la moralité et la fraternité sont les piliers de la société ». Reagan suggère ensuite de faire

La même année le président déclarera lors d'un *National Prayer Breakfast* :

> « Je crois également que ce pays béni fut mis à part d'une manière toute spéciale. Notre nation fut fondée par des hommes et des femmes qui étaient venus non pas chercher de l'or mais chercher Dieu [...] J'ai l'impression que nous nous sommes parfois éloignés de cette noble origine. Dieu, la source de notre connaissance, a été expulsé de la salle de classe [...] Je crois qu'il attend que nous sortions de notre sommeil[88]. »

Au milieu des années 1950, le mythe providentialiste prendra la forme d'une « religion civile », avant d'être de nouveau convoqué au lendemain des attentats du 11 septembre 2001. Il réapparait aujourd'hui avec force dans le discours politique de Donald Trump, élu en 2016 avec la conviction de redonner du sens au rêve de l'Amérique et de restaurer sa grandeur. Son slogan de campagne fut *Make America Great Again !* Le tout récent essai de Lauric Henneton (*La fin du rêve américain ?*) montre à quel point un tel discours renoue avec l'imaginaire et l'histoire des Etats-Unis, depuis la création des colonies britanniques en Amérique du Nord. Ce rêve a la physionomie d'une véritable croyance en la suprématie et l'éminence d'une nation de l'espoir par excellence, apte à procurer une vie meilleure[89]. Enfin, dans une certaine mesure, le mythe puritain d'un peuple fidèle, persécuté par les Eglises européennes dans l'apostasie et conduit par Dieu en terre promise, contribuera en outre à l'éclosion de convictions absolues dans cette région du monde et à la revendication d'une élection fondamentaliste. Cette compréhension a préparé le terrain à de multiples traditions en marge mais aussi à l'intérieur du protestantisme. Comme le puritanisme, ces courants seront fortement marqués par la conscience de leur élection, de leur appartenance à une confrérie d'élus, résidus de la foi apostolique et à ce titre dépositaires de la vérité. À l'abri et retranchés en leur citadelle, faisant le choix de l'immobilité, de la permanence.

A partir de sa propre tradition, Jean-Claude Guillebaud explique dans *La foi qui reste* (2017), à la suite de son précédent essai *La force de conviction* (2005), combien ces affirmations péremptoires et absolues trahissent une certaine faiblesse[90]. C'est parce que la croyance est fragile et inquiète qu'elle devient dogmatique et intolérante « comme si l'on voulait sans relâche se convaincre soi-même et châtier son propre doute ». L'écrivain hésite un instant, s'interroge. Assurément

---

voter un amendement spécial pour maintenir la prière à l'école. Ainsi les Etats-Unis « seront plus forts non seulement sur le plan économique et militaire, mais aussi sur le plan moral et spirituel ».

[88] *Ibid.*, p. 31, 59, 129.

[89] Lauric Henneton, *La fin du rêve américain ?*, p. 7-13.

[90] Jean-Claude Guillebaud, *La force de conviction : à quoi pouvons-nous croire ?*, Paris, Seuil, 2005 ; *La foi qui reste*, Paris, L'Iconoclaste, 2017. Sur le rôle de la peur et du sentiment de vulnérabilité dans la construction d'un puritanisme mécanisme de défense et réflexe immunitaire, voir Lauric Henneton, *La fin du rêve américain ?*, p. 34, 35.

la foi chrétienne ne peut conduire au fanatisme, à la violence. Il n'empêche « qu'en s'immobilisant », poursuit l'auteur, « en se claquemurant dans une identité tapageuse, elle laisse voir son inquiétude et sa fragilité »[91]. La foi ne se cache ni ne s'étale. Elle n'est pas le fruit de la peur, pas plus que du triomphe. Loin d'une telle absolutisation, comme l'écrit admirablement l'historien Denis Crouzet, une identité demeure « toujours expansive, sans limite », au contraire d'un « cercle clos et fini relevant d'un refoulement loin de soi de l'altérité ». Elle est par là même, poursuit-il, « mobile et transgressive », de l'ordre de l'irreprésentable, de l'indicible[92].

---

[91] Jean-Claude Guillebaud, *La foi qui reste*, p. 85-107.
[92] Denis Crouzet (éd.), *Historiens d'Europe, historiens de l'Europe*, Paris, Champ Vallon, 2017, p. 7.

La Réforme en France et l'influence de Calvin dans l'interprétation de l'histoire du protestantisme chez Ellen White

Denis Fortin[1]

L'œuvre de Jean Calvin à Genève a profondément influencé le monde chrétien. Même si nous ne sommes pas tous d'accord sur le contenu de cette influence ou les conclusions qu'il a soutenues, Calvin a néanmoins transformé la réflexion théologique du protestantisme durant les siècles qui l'ont suivi. Plusieurs historiens croient qu'il demeure l'un des théologiens les plus lus et il est toujours l'un des plus controversés. Cinq cents ans plus tard, Calvin est loin d'être oublié ; et même les adventistes parlent de lui.

Nous savons bien que Calvin n'était pas le seul réformateur dont l'influence fut si dominante durant la Réforme protestante du XVIe siècle. Son arrivée sur la scène de la Réforme fut précédée par celle de Martin Luther, pour lequel il avait beaucoup de respect. Il était ami avec Mélanchton, et même s'il s'acharna contre certaines positions théologiques de Zwingli, Calvin était fondamen-talement plus en accord avec le réformateur zurichois qu'il ne l'était avec celui de Wittenberg.

Si les contributions théologiques de Calvin furent si durables, cela est dû en partie à son habilité de synthèse et son aptitude à exprimer de façon simple des sujets compliqués. Son *Institution de la religion chrétienne*, publiée pour la première fois en 1536 et traduite en français dès la seconde édition, démontre aussi qu'il était intéressé à communiquer avec le peuple en général et non seulement avec les érudits. Qu'aurait été le protestantisme au XVIe siècle sans l'influence et les écrits de Calvin ? En fait, que serait devenu le protestantisme sans Calvin ?

---

[1] Denis Fortin, Docteur en théologie, est professeur de théologie historique au *Seventh-day Adventist Theological Seminary* de l'Université Andrews à Berrien Springs (Michigan, Etats-Unis).

Bien que la théologie adventiste soit plus près de celle de John Wesley que de celle de Calvin, les adventistes ont toujours été des admirateurs de Calvin et de ses contributions à la compréhension de la Parole de Dieu. En grande partie, cela est dû au fait qu'Ellen White, dans son ouvrage *La tragédie des siècles*, souligne certaines contributions de Calvin au progrès de la Réforme en France, en Suisse, et ailleurs en Europe. Bien qu'elle soit plus brève concernant Calvin qu'elle ne l'a été pour Martin Luther ou John Wesley, son livre note néanmoins le travail fondamental qu'il fit pour la Réforme. Le but de mon article est de décrire et d'analyser la pensée d'Ellen White sur les événements de la Réforme protestante en France au XVIe siècle et de chercher à comprendre la perception qu'elle avait de ces événements dans *La tragédie des siècles*. Plus particulièrement, j'aimerais analyser comment Ellen White perçut le rôle de Calvin et des autres réformateurs français en rapport avec le thème du conflit cosmique et de la grande controverse entre le bien et le mal qu'elle décrit dans son ouvrage. La description de la Réforme en France et de l'influence de Calvin qu'elle nous donne dans ce livre est un bon exemple de son interprétation de l'histoire du protestantisme dans le contexte de cette grande controverse.

Le conflit cosmique entre Christ et Satan

Dans son livre *La tragédie des siècles*, Ellen White traite de l'histoire de l'Eglise chrétienne, de la destruction de Jérusalem en l'an 70 de notre ère jusqu'à la restauration de la terre après le millenium. Ce livre est l'un des plus lus et des plus traduits de ses ouvrages.

La rédaction du récit de cette tragédie des siècles, cette grande controverse entre le bien et le mal, entre Christ et Satan, occupe une longue portion de la vie d'Ellen White entre 1858 et sa mort en 1915[2]. En mars 1858 elle reçoit une vision dans laquelle Dieu lui révèle le contenu de ce conflit cosmique et lui demande d'écrire ce qu'elle a vu. En dépit des afflictions personnelles et de la maladie, elle écrit en 1858 le premier volume de *Spiritual Gifts* (*Les dons spirituels*) dans lequel elle résume les grandes périodes du récit biblique de l'histoire de l'humanité de la chute de Lucifer au ciel jusqu'à la restauration de la terre à la fin des temps. Ce livre de 219 petites pages fut réimprimé en 1882 et fait maintenant parti du livre *Premiers écrits*[3].

---

[2] Le lecteur trouvera plus d'information dans Denis Fortin et Jerry Moon (éd.), *The Ellen G. White Encyclopedia*, Hagerstown, Review and Herald Publishing Association, 2013. Voir les articles : « Great Controversy Between Christ and Satan » (p. 847-850), « Great Controversy Theme » (p. 850-853), « Great Controversy Vision » (p. 853-854).
[3] Voir les articles « Spiritual Gifts » (p. 1189) et « Early Writings » (p. 790) dans *The Ellen G. White Encyclopedia*.

Dans ce petit ouvrage, et pour la première fois dans ses écrits, Ellen White décrit le conflit invisible entre les forces du bien et du mal pour le contrôle de l'humanité. Dans des visions ultérieures, elle reçoit d'autres détails concernant ce conflit et, en 1864, les volumes 3 et 4 de *Spiritual Gifts* sont publiés. Dans ces deux ouvrages, elle donne une description plus détaillée de la chute de Lucifer, de la création du monde, de la chute d'Adam et Ève, de la vie des patriarches, et de l'expérience du peuple d'Israël.

Vers la fin des années 1860 les stocks des volumes de *Spiritual Gifts* étant épuisés, Ellen White décide qu'il serait mieux d'élargir le contenu de ces volumes au lieu de tout simplement les réimprimer tels quels. Une nouvelle série de quatre volumes de 400 pages chacun est élaborée et intitulée *The Spirit of Prophecy* (*L'Esprit de prophétie*). Le quatrième volume de cette série, publié en 1884, est sous-titré « La grande controverse entre Christ et Satan de la destruction de Jérusalem à la fin de la controverse[4] ».

Dans ces deux premiers récits de la grande controverse, *Spiritual Gift* et *Spirit of Prophecy*, volume 4, Ellen White ne fait aucune mention de Jean Calvin ni de la Réforme en France. Toutefois, de 1885 à 1887, elle séjourne en Europe et s'intéresse non seulement au développement des missions adventistes dans les pays qu'elle visite, mais aussi à l'histoire du protestantisme et plus particulièrement à l'histoire de la Réforme. Pendant son séjour en Europe elle visite certains sites historiques de la Réforme qu'elle croit avoir vu dans ses visions. Elle décide aussi de lire quelques ouvrages sur l'histoire du protestantisme. Parmi ses lectures on trouve deux longs ouvrages de Jean-Henri Merle d'Aubigné : les versions anglaises de l'*Histoire de la Réformation du seizième siècle* (en cinq volumes)[5] et l'*Histoire de la Réformation en Europe au temps de Calvin* (en huit volumes)[6].

Durant le séjour d'Ellen White en Europe, les dirigeants de l'Eglise adventiste désirent publier la traduction de ses ouvrages afin de promouvoir l'œuvre adventiste en Europe. White permet donc l'adaptation et la traduction des volumes 3 et 4 de *Spirit of Prophecy* pour la publication du livre *La vie de Christ* en 1888. Alors qu'on discute aussi de la traduction du volume 4 de la même série, elle décide plutôt d'élargir le volume, et d'y inclure de nouveaux chapitres sur la Réforme en Europe et d'adapter cette nouvelle édition au public en général.

---

[4] Le premier volume de cette série traite de l'histoire biblique de la chute de Lucifer jusqu'à la fin du règne du roi Salomon (publié en 1870). Les volumes deux (1877) et trois (1878) traitent de la vie du Christ et des apôtres. Voir l'article *Spirit of Prophecy* (p. 1187-1188) dans *The Ellen G. White Encyclopedia*.
[5] Publié à Paris par Firmin Didot Frères de 1835 à 1853.
[6] Publié à Paris par Michel Lévy de 1863 à 1878.

Cette nouvelle édition est publiée en 1888 sous le titre *The Great Controversy* (*La tragédie des siècles*). Des 492 pages et 37 chapitres du volume 4 de *Spirit of Prophecy*, on passe à 678 pages et 42 chapitres en 1888. Et cette nouvelle édition est préparée alors qu'Ellen White demeurait en Europe.

Dans cette troisième version de l'histoire du conflit cosmique depuis l'époque du Nouveau Testament, Ellen White inclut un chapitre sur la Réforme en France au XVIe siècle et élargit la description et l'interprétation qu'elle donne de la Révolution française. La quatrième et dernière édition de cet ouvrage, publié en 1911 et toujours en circulation aujourd'hui, est substantiellement la même version que celle de 1888 et les commentaires concernant Jean Calvin et son œuvre sont les mêmes.

Fidélité à la Parole de Dieu

Dans *La tragédie des siècles*, Ellen White présente à ses lecteurs comment le conflit cosmique entre Dieu et Satan s'est déroulé dans l'histoire de l'Eglise chrétienne depuis l'époque du Nouveau Testament. Elle présente cette description de façon à préparer l'esprit du lecteur à comprendre comment ce même conflit continue et est aussi important de nos jours. Ce conflit entre Dieu et Satan est réel pour White, et il se joue dans la vie des peuples et des nations. Les événements de ce conflit ont été prédits dans les Ecritures et culminent avec le second avènement du Christ. Dans les derniers chapitres du livre, elle situe l'adventisme dans le mouvement de l'histoire prophétique. Plusieurs thèmes théologiques émergent de ce livre mais pour les besoins de cet article concernant la compréhension qu'Ellen White a de la Réforme en France et du rôle de Jean Calvin, je vais me limiter à un seul thème.

L'un des thèmes principaux de *La tragédie des siècles* est la fidélité à la Bible comme révélation authentique et infaillible de la volonté de Dieu. La première moitié du livre nous résume l'histoire de l'Eglise chrétienne depuis la destruction de Jérusalem jusqu'à l'époque de William Miller. Dans ces chapitres Ellen White décrit soigneusement comment le conflit cosmique s'est déroulé dans la vie des premiers chrétiens, des Vaudois, de John Wycliffe, de Jan Hus et Jérôme, de Martin Luther, de Jean Calvin, et plusieurs autres. Dans sa description des événements de la vie de ces figures historiques, elle nous présente un dénominateur commun :

> « Le grand principe revendiqué par ces réformateurs [...] c'est l'autorité infaillible des Saintes Ecritures en matière de foi et de morale. Ils déniaient aux papes, aux conciles et aux rois le droit de dominer sur les consciences en matière religieuse. Les Ecritures étaient leur autorité, et c'est par elles qu'ils éprouvaient toutes les doctrines et toutes les prétentions. C'est la foi en Dieu

et en sa Parole qui soutenait ces saints hommes quand ils étaient appelés à monter sur le bûcher[7]. »

Pour Ellen White, la décision prise par ces héros de la foi, de s'en remettre seulement à l'autorité de la Bible en matière de foi et de morale, est le point crucial et de départ pour la Réforme protestante. Ces réformateurs croyaient que Dieu parle à l'humanité par l'entremise de sa Parole, la Bible. Pour elle, c'est donc la lecture de la Bible, en grande partie, qui provoqua la Réforme[8].

Dans son récit, Ellen White explique que Satan cherchait à détruire ces défenseurs de la foi par l'entremise des autorités ecclésiastiques locales parce qu'ils aimaient Dieu et désiraient demeurer fidèles aux enseignements de la Bible tels qu'ils les comprenaient. Elle note aussi que le but de Satan a toujours été d'obscurcir la Parole de Dieu et « d'empêcher les gens de se familiariser avec les Ecritures, dont les déclarations claires et précises dévoilent ses desseins[9]. » Ainsi, ceux qui se fient à la Bible comme seule règle de foi et de morale deviennent les sujets de sa colère et de ses attaques. De plus, elle souligne aussi qu'avant la seconde venue de Christ, ce conflit sera répété dans la vie du peuple de Dieu, de tous ceux qui désirent suivre sans réserve les enseignements des Ecritures au lieu des opinions et des traditions humaines[10]. La seule sauvegarde contre tout péril sera donc à nouveau de suivre les Ecritures[11].

Les historiens et *La tragédie des siècles*

L'utilisation d'historiens par Ellen White lors de la rédaction de *La tragédie des siècles* a soulevé un certain nombre de questions concernant son inspiration,

---

[7] Ellen White, *La tragédie des siècles*, Dammarie-les-Lys, Signes des Temps, 1976, p. 267.
[8] Bernard Cottret offre un point de vue semblable concernant le rôle de la Bible pour la Réforme protestante dans sa biographie de Jean Calvin (Bernard Cottret, *Calvin*, Paris, Payot & Rivages, 1998, p. 103-109.
[9] Ellen White, *La tragédie des siècles*, p. 643.
[10] *Ibid.*, p. 644-645.
[11] *Ibid.*, p. 643-653. D'autres thèmes théologiques occupent une place importante dans les écrits d'Ellen White, dont le plus important est celui de l'amour de Dieu pour l'humanité. Plusieurs de ses ouvrages, tels que *Vers Jésus* et *Jésus Christ*, soulignent l'amour de Dieu pour l'humanité et son désir de tout faire pour les sauver du péché. Ce thème est aussi présent dans *La tragédie des siècles*. La phrase « Dieu est amour » que l'on retrouve au tout début du livre *Patriarches et prophètes* (Dammarie les Lys, Signes des Temps, 1972, p. 9), le premier livre de la série de récits sur le conflit cosmique, est aussi la toute dernière phrase du dernier livre de cette série, *La tragédie des siècles* (p. 737). Il est donc bien évident que pour Ellen White Dieu désire démontrer son amour pour l'humanité et que le thème principal de ce conflit est l'amour de Dieu. Bien que Satan cherche à dépeindre Dieu comme un dieu « sévère et tyrannique » (p. 543), prêtant « ses attributs sataniques et sa cruauté au Créateur et Bienfaiteur de l'humanité » (p. 582), Dieu a toujours cherché à dévoiler son caractère d'amour et de miséricorde. Voir l'article de Jean-Luc Rolland, « Love of God » dans *The Ellen G. White Encyclopedia*, p. 951-954.

surtout lorsqu'elle fait référence à des faits historiques qui depuis se sont avérés inexacts. Il est bien apparent que les chapitres historiques de *La tragédie des siècles* contiennent plusieurs citations d'historiens. En 1951, Francis Nichol estimait que 12% du contenu du livre provient de citations d'auteurs[12]. Toutefois, en plus du matériel cité entre guillemets, il y a aussi plusieurs phrases et des paragraphes entiers qui proviennent d'autres auteurs, en particuliers des ouvrages de Merle d'Aubigné et, pour l'édition de 1911, de James Wylie, *The History of Protestantism* (*L'histoire du protestantisme*)[13]. Notons aussi que certains chapitres sont fondés sur les écrits d'auteurs adventistes, tels qu'Uriah Smith, John Andrews et son mari, James White.

J'aimerais noter quelques observations intéressantes concernant la version française que nous avons. Une comparaison des versions anglaise et française du chapitre sur « La Réforme en France » démontre que non seulement le texte est un peu différent en certains endroits, on a inséré dans le texte certains détails historiques qui ne se retrouvent pas dans la version originale anglaise, mais aussi, certaines citations attribuées à James Wylie en anglais sont attribuées à d'autres auteurs en français, et pourtant le texte de ces citations est identique mot pour mot. Ainsi le ministre protestant anonyme à la page 222 en anglais[14] est identifié comme étant Gérard Roussel en français (p. 235) ; la petite paroisse anonyme où Farel débute son ministère dans la version anglaise (p. 232) est la paroisse d'Aigle en français (p. 246) ; et le compagnon anonyme de Farel à Genève (p. 232) est Antoine Saunier en français (p. 246). De plus, plusieurs citations de James Wylie en anglais sont attribuées à G. de Félice en français (voir les notes aux pages 229, 231, 241), ou à Merle d'Aubigné (p. 233), ou à un autre auteur anonyme (p. 244). Le texte des pages 241 et 242 en français est attribué au récit de Simon Fontaine, un détail qui ne se trouve pas dans la version anglaise, et alors qu'Ellen White cite ce récit de l'ouvrage de Wylie (p. 228), le texte français le cite de Merle d'Aubigné. Une citation de Wylie est aussi remplacée par une de Merle d'Aubigné aux pages 243 et 244. Il y a même une citation de Merle d'Aubigné qui est insérée dans le texte français au bas de la p. 240. Tout ceci indique que le traducteur, fort probablement Jean Vuilleumier, fit un travail minutieux et compara méticuleusement le texte anglais avec les sources historiques citées par Ellen White lors de la rédaction de son texte. De plus, il semble que Vuilleumier comprenait qu'Ellen White avait emprunté son récit de la Réforme en France et il se sentit libre de

---

[12] Francis Nichol, *Ellen G. White and Her Critics*, Washington, Review and Herald, 1951, p. 420.
[13] James Wylie, *The History of Protestantism*, London, Cassell & Co., 1899.
[14] L'édition anglaise : *The Great Controversy*, Mountain View, Pacific Press Publishing Association, 1911, 1950.

perfectionner ce récit en ajoutant des détails qu'elle avait omis sans pour autant changer le fond du message inspiré qu'elle avait reçu.

Deux raisons semblent avoir poussé Ellen White à emprunter la pensée d'autres auteurs pour la rédaction de son texte. Premièrement, elle ressentait ses propres insuffisances en vocabulaire et en composition littéraire et cherchait toujours à améliorer sa rédaction d'un texte. Une deuxième raison était ses connaissances limitées de l'histoire et de la géographie. Un passage important à ce sujet se trouve dans l'introduction de *La tragédie des siècles* où elle dit :

> « Les grands événements qui ont marqué les progrès de la Réforme pendant les siècles passés relèvent de l'histoire ; ils sont si universellement connus et admis que nul ne peut contester leur authenticité. J'en ai donné des récits succincts, en rapport avec l'étendue de ce volume, et en me bornant à ce qui est strictement nécessaire à l'intelligence des faits et à l'application des principes. Là où les scènes à retracer se sont trouvées résumées par quelque historien de telle façon qu'elles cadraient avec le plan de cet ouvrage, j'ai cité ses propres paroles et indiqué la source ; mais je ne m'y suis pas astreinte d'une façon absolue, mes citations n'étant pas données comme des preuves, mais simplement en vertu de leurs qualités descriptives[15]. »

Dans les années 1970 et 1980, un bon nombre d'articles sur l'utilisation d'historiens par Ellen White ont été publiés dans le journal *Spectrum*[16]. Certains de ces articles analysent l'utilisation des sources historiques dans les ouvrages d'Ellen White, surtout dans *La tragédie des siècles*, et, pour la plupart, cherchent à démontrer que les ouvrages cités, bien que valides à l'époque d'Ellen White, ne sont pas précis ni exact lorsqu'ils sont comparés aux connaissances historiques que nous avons aujourd'hui. D'autres de ces articles cherchent à démontrer qu'après tout, les faits mentionnés par White ne sont pas si inexacts qu'on a voulu le laisser entendre. Naturellement, ces articles ont soulevé des questions concernant l'inspiration d'Ellen White et si son inspiration s'applique aussi aux faits historiques. Ces questions ont incité le Centre Ellen White à la Conférence

---

[15] Ellen White, *La tragédie des siècles*, p. 15.
[16] Voir William Peterson, « A Textual and Historical Study of Ellen White's Account of the French Revolution », *Spectrum* 2 (1970/4), p. 57-69 ; Ronald Graybill, « How Did Ellen White Choose and Use Historical Sources », *Spectrum* 4 (1972/3), p. 49-53 ; Eric Anderson, « Ellen White and Reformation Historians », *Spectrum* 9 (1978/3), p. 23-26 ; Donald Casebolt, « Ellen White, the Waldenses, and Historical Interpretation », *Spectrum* 11 (1981/3), p. 37-43 ; Jean Zurcher, « A Vindication of Ellen White as Historian », *Spectrum* 16 (1985/3), p. 21-31. Voir aussi les articles de Robert Olson, « Ellen White's Use of Historical Sources in *The Great Controversy* », *Adventist Review*, 23 février 1984, p. 3-5, et Ronald Graybill, « Historical Difficulties in *The Great Controversy* », édition révisée, Juin 1982 (Document File, Center for Adventist Research, Andrews University). Ces documents sont tous disponibles sur le site web des archives de la Conférence générale et au Centre de recherche Ellen White du Campus adventiste du Salève.

générale à divulguer plus d'informations concernant la façon dont Ellen White rédigeait ses livres[17].

La Réforme en France

Selon Ellen White les événements de la Réforme en France firent partie aussi de cette grande controverse entre le bien et le mal et ne furent non moins significatifs que ceux d'autres pays européens. Elle raconte que même avant la période de protestation de Martin Luther en Allemagne, Dieu avait impressionné les cœurs d'hommes fidèles en France dont celui du « vieillard » Jacques Lefèvre d'Etaples, professeur à l'université de Paris, qui se consacra tout entier à la Parole de Dieu. L'un de ses étudiants, Guillaume Farel, « accepta joyeusement la vérité » et « alla prêcher la vérité en public. » Par l'entremise de l'influence de Farel et d'autres prédicateurs de l'Evangile, Guillaume Briçonnet, évêque de Meaux, ainsi que d'autres professeurs « se mirent [...] aussi à proclamer l'Évangile. » Leurs efforts évangéliques firent des adhérents dans toutes les classes de la société, depuis les artisans et les paysans, jusqu'aux nobles et aux princes. La sœur du roi François 1er, Marguerite de Navarre, embrassa elle aussi la foi réformée et fit de son mieux pour protéger les prédicateurs protestants et pour dissuader son frère de toute intolérance envers la nouvelle foi[18]. Même si le roi et sa mère, Louise de Savoy, semblèrent en faveur de la foi réformée pendant un temps, en fin de compte ils se tournèrent contre elle et permirent la persécution de ses adhérents.

Parmi les premières personnes à être persécutées, Ellen White souligne particulièrement la vie et le témoignage de Louis de Berquin. L'un des plus instruits des membres de la noblesse française, de Berquin aurait été « un autre Luther, selon Théodore de Bèze, si lui-même eût trouvé en François 1er un autre

---

[17] Voir Ellen White, *Selected Messages*, Washington, Review and Herald, 1980, vol. 3, p. 88-124, 433-465. La préparation de cet artivle et ma lecture de ce chapitre dans *La tragédie des siècles* ainsi que de quelques ouvrages sur Calvin m'ont fait découvrir aussi quelques faits historiques discordant. Alors qu'Ellen White présente la conversion de Calvin lorsqu'il étudie à Paris, peu de temps après la mort de Louis de Berquin (p. 232), la plupart des historiens que j'ai consultés place cette conversion alors qu'il étudie à Bourges en 1532 ou 1533. Toutefois, je dois souligner que l'époque de la conversion de Calvin restera toujours un point de discussion car il n'a pas écrit beaucoup à ce sujet et ce qu'il a écrit est ambigu. De toute évidence, Calvin n'a pas eu une conversion dramatique. Un autre fait discordant entre le récit d'Ellen White et d'autres historiens se rapporte à l'Affaire des placards. Où était Calvin au moment où éclate cette polémique ? Bien qu'Ellen White le situe hors de tout danger en Allemagne (p. 232), la plupart des historiens croient qu'il est à Paris et s'échappe à peine des persécutions qui suivent. Mais, exact ou pas, ces détails historiques ne changent rien à la pensée d'Ellen White dans ce chapitre. Je donne plus de détails dans les notes 21 et 27 qui suivent.
[18] Ellen White, *La tragédie des siècles*, p. 224, 226. Guillaume Briçonnet, Marguerite de Navarre et bien d'autres étaient, plus précisément, des réformistes au sein de l'Eglise catholique et ne rompirent jamais leurs liens avec l'Eglise catholique pour joindre le mouvement de la Réforme protestante. Voir Bernard Cottret, *op. cit.*, p. 70-73.

Électeur[19]. » Même si maintes fois on l'avait averti des dangers qu'il courait en France, de Berquin refuse de partir, défend courageusement la vérité biblique et, sans le support du roi qui pour un temps avait quitté Paris, se retrouve sur le bûcher donnant sa vie pour l'Evangile[20]. Cette persécution, comme bien d'autres, dispersent les adhérents à l'Evangile. Mais, selon White, « Dieu préparait d'autres ouvriers pour sa cause. » Parmi ceux que Dieu avait préparé pour remplacer Louis de Berquin et d'autres qui étaient morts pour leur foi, se trouve Jean Calvin.[21]

Ellen White débute le récit des contributions de Jean Calvin à la Réforme française avec sa conversion[22]. Influencé par son cousin Pierre-Robert Olivier, dit Olivétan, qui lui aussi avait été un étudiant de Lefèvre à Paris et s'était joint à la Réforme, Calvin se met à douter de certaines de ses convictions religieuses. D'après White, son agitation spirituelle et ses doutes trouvent une solution après qu'il eût été témoin du martyre d'un étudiant qui « au milieu de ses souffrances [...] manifestait une foi et une sérénité qui mettait péniblement en contraste avec son désespoir, avec les ténèbres où il tâtonnait[23]. » Ce jour-là, nous dit-elle, Calvin se détermine à étudier la Bible « pour y découvrir, si possible, le secret de leur joie » et dans la Bible « il y trouva Jésus-Christ[24]. »

Peu de temps après, Calvin débute son ministère public et se met à enseigner la Parole de Dieu dans les foyers. Pour quelques années il demeure dans plusieurs villes, incluant Paris, et graduellement devient plus actif au sein du mouvement de réforme. Comme d'autres protestants français, il apprend à vivre avec les périodes de tolérance et les périodes de persécution, parfois réussissant à peine à fuir les agents du gouvernement qui le poursuivent. Les intrigues de la cour, le

---

[19] Ellen White, *La tragédie des siècles*, p. 228. L'électeur dont il est question est Frédéric III le Sage, prince-électeur de Saxe qui fut le protecteur de Martin Luther.
[20] *Ibid.*, p. 228-231.
[21] *Ibid.*, p. 232.
[22] Selon l'information qu'elle a empruntée de Merle d'Aubigné, Ellen White indique que la conversion de Calvin eut lieu alors qu'il étudiait à Paris peu de temps après la mort de Louis de Berquin en 1529. Toutefois, les historiens sont divisés entre eux concernant le moment exact ou l'endroit de sa conversion car il n'a laissé aucun récit détaillé de cet événement. La meilleure évidence se trouve dans la préface de son *Commentaire sur les Psaumes*, publié en 1557. L'auteur britannique Thomas Henry Louis Parker estime que la conversion de Calvin eut lieu à la fin de 1529 ou au début de 1530 alors qu'il était étudiant en droit à Bourges (Thomas H.-L. Parker, *John Calvin. A Biography*, Oxford, Lion Hudson, 1975, p. 199-203). Si les raisonnements de Parker sont exacts, ils coïncident avec le récit d'Ellen White qui situe la conversion de Calvin peu de temps après la mort de de Berquin alors que « Dieu préparait d'autres ouvriers pour sa cause » (Ellen White, *La tragédie des siècles*, p. 232). Toutefois, la plupart des historiens placent sa conversion en 1532 ou 1533. Voir Jean Rilliet, *Le vrai visage de Calvin*, Toulouse, Privat, 1982 ; Bernard. Cottret, *op. cit.*, p. 77-80.
[23] Ellen White, *La tragédie des siècles*, p. 233.
[24] *Ibid.*

trafic d'influence, et l'antagonisme des dirigeants religieux rendent la vie difficile pour Calvin et ses amis. François 1er tergiverse constamment entre la Réforme et l'Eglise traditionnelle. Toutefois, en fin de compte, la tolérance qu'il démontrait envers la Réforme, selon White, n'était que « dans des vues politiques[25]. »

L'Affaire des placards

En 1534, Calvin et quelques-uns de ses amis fuient d'une ville à l'autre comme des fugitifs[26]. Bien que le roi avait été relativement tolérant envers la foi protestante jusqu'à ce moment-là, les choses changent entièrement en octobre lors de l'Affaire des placards. Pendant la nuit du 17 au 18 octobre, un groupe de réformateurs, souhaitant que la France suive la Réforme au même rythme que l'Allemagne ou la Suisse, couvrent de placards (c.-à-d. des affiches) Paris et quelques autres villes du nord de la France. Ces affiches dénoncent l'idolâtrie du sacrifice eucharistique de la messe et le déclarent une superstition de Rome. Non seulement Paris est réveillé en sursaut par ce geste hardi des protestants, le roi lui-même se réveille le lendemain matin pour trouver l'une de ces affiches sur la porte de sa chambre. La hiérarchie catholique a donc un prétexte pour extirper l'hérésie protestante. Le roi se sent contraint de défendre le catholicisme et « des mesures furent aussitôt prises pour arrêter tous les luthériens de Paris[27]. » On a soudainement peur des protestants et on croit volontiers qu'ils sont une menace pour le trône et pour la stabilité du pays. On leur adresse toutes sortes de fausses accusations, plusieurs perdent leurs vies, encore plus fuient la persécution[28].

Les parallèles et les différences entre les Réformes allemande et française sont remarquables. Les quatre-vingt-quinze thèses de Martin Luther, le 31 octobre 1517, n'ont pas de véritable parallèle en France. L'événement public en France qui marque la Réforme est l'Affaire des placards en octobre 1534. L'effet rend la situation irréversible. « Au lieu d'avancer la cause de la Réforme, affirme White, cet acte d'un zèle inconsidéré déchaîna la persécution non seulement sur ses

---

[25] Ellen White, *La tragédie des siècles*, p. 235-236.
[26] Thomas Parker, *op. cit.*, p. 50-51.
[27] Ellen White, *La tragédie des siècles*, p. 238.
[28] Le moment exact où Calvin quitte Paris est un point controversé. Ellen White affirme qu'il a déjà quitté Paris et s'est réfugié en Allemagne (Bâle fait partie de l'Allemagne à cette époque) avant l'Affaire des placards (*La tragédie des siècles*, p. 237) ; un fait qui est soutenu par Jean-Henri Merle d'Aubigné (*Histoire de la Réformation en Europe au temps de Calvin*, Paris, Michel Lévy Frères, 1863, vol. 3, p. 118-121) et par Jean Rilliet (*Le vrai visage de Calvin*, p. 40). Toutefois la plupart des historiens placent Calvin à Paris ce week-end là et pensent qu'il réussit à peine à se sauver durant la persécution qui suivit (voir Thomas Parker, *op. cit.*, p. 51 et Denis Crouzet, *Jean Calvin. Vies parallèles*, Fayard, 2000, p. 120).

auteurs, mais aussi sur les amis de l'Evangile dans tout le pays[29]. » Alors que le concept de la justification par la foi devint le point de rassemblement pour la Réforme allemande, et se répandit rapidement dans tous les pays d'Europe, une génération plus tard cette doctrine ne cause plus de grandes divisions en France. C'est la messe catholique qui devient le point de controverse. Les Allemands s'attachent à l'épître aux Romains ; pour les Français la pierre angulaire de la Réforme c'est l'épître aux Hébreux. Le Christ s'est offert lui-même en sacrifice expiatoire, une fois pour toutes. La messe devient la ligne de démarcation entre catholiques et réformés. Et le conflit est très émotionnel[30].

Comme dans la plupart des histoires de la Réforme française, l'Affaire des placards occupe une place importante dans le récit d'Ellen White et elle lui consacre près de huit pages. Pour elle, cet événement est un point tournant pour comprendre les raisons qui ultimement amènent la France à rejeter la Réforme protestante. Elle conçoit que les conséquences de l'Affaire des placards, la sanction du roi pour l'arrestation et la persécution de centaines de citoyens innocents, et la perte des droits humains fondamentaux et de liberté de conscience sont une étape décisive vers la Révolution française et le Règne de Terreur deux cent cinquante ans plus tard. Déjà dans son récit, White avait perçu une semence de la Révolution dans la mort de Louis de Berquin quelques années plus tôt. Alors qu'il était attaché au bûcher, de Berquin avait essayé de prononcer quelques paroles, mais sa voix avait été submergée par les cris des moines et le bruit des armes des soldats. Elle en conclut qu'ainsi « la Sorbonne de 1529, la plus haute autorité littéraire et ecclésiastique de France, avait donné à la commune de Paris de 1793, le lâche exemple d'étouffer sur l'échafaud les paroles sacrées des mourants[31]. » Et voilà que durant l'Affaire des placards, elle maintient que

> « le sort qu'on disait alors imminent, et qu'on accusait les réformés de préparer au pays, tomba, en effet, sur la France quelques siècles plus tard. Mais l'avalanche effroyable qui s'abattit alors sur le roi, sur son gouvernement et sur ces sujets, eut pour cause directe les cruautés exercées par les catholiques contre d'innocents protestants. Seulement, les fauteurs de cette catastrophe furent les incrédules et les partisans du pape. Ce ne fut pas l'établissement du protestantisme, mais son écrasement qui, trois siècles plus tard, précipita ce cataclysme sur la France[32]. »

Suivant les récits de Wylie et de Merle d'Aubigné, White inclut aussi dans son récit un fait peu connu à la suite de l'Affaire des placards mais d'une grande importance pour son interprétation de l'histoire de la Réforme en France.

---

[29] Ellen White, *La tragédie des siècles*, p. 237-238.
[30] Voir Bernard Cottret, *op. cit.*, p. 95-96.
[31] Ellen White, *La tragédie des siècles*, p. 231.
[32] *Ibid.*, p. 239-240.

Puisque l'Eglise catholique avait été si ouvertement offensée par les placards dénonçant les superstitions du sacrifice de la messe, on demanda au roi de tenir une grande cérémonie solennelle et publique pour contrer le message des placards et pour expier le mal fait à l'endroit de l'Eglise. Cette cérémonie publique, tenue le 21 janvier 1535, consiste en un long et solennel cortège dans les rues de Paris, une procession incluant des centaines de prêtres et de gens, avec l'évêque de Paris transportant le saint sacrement, suivi de François 1er. Le roi, en pénitent, marchait la tête nue, ses yeux vers le sol. Le cortège s'arrête à chaque autel et le roi offre des prières pour expier son péché et ceux de son peuple. Dans un discours qu'il adressa à ses dignitaires dans la grande salle de l'archevêché, le roi, l'air désolé, décrit le crime et le blasphème qui a été commis contre l'Eglise et le saint sacrement de la messe. « Il invita tous ses fidèles sujets à le seconder dans ses efforts en vue d'extirper l'hérésie pestilentielle qui menaçait la France[33]. » Après son discours, le cortège reprend son parcours et sur le chemin de retour vers le palais royal s'arrête près des échafauds d'hérétiques condamnés à être brûlés pour apaiser la colère de Dieu.

Pour Ellen White, ce cortège et les cérémonies qui l'accompagnent marquent le moment où la France « devait prendre définitivement parti contre le protestantisme » et ainsi « avait rejeté la vérité[34]. » L'ironie des circonstances ne lui échappe pas. L'un des endroits où le roi et ses dignitaires avaient de nouveau juré solennellement d'extirper l'hérésie, la cathédrale Notre Dame de Paris, serait le même endroit où 258 ans plus tard, la déesse Raison serait intronisée[35]. Encore plus frappant, la même date, aussi 258 ans plus tard, soit le 21 janvier 1793, le roi de France, Louis XVI, ferait lui aussi parti d'une procession solennelle dans les rues de Paris mais pour une raison bien différente alors qu'il s'acheminait vers la guillotine. White conclut :

> « La Réforme avait ouvert le Livre de Dieu devant le monde ; elle avait rappelé les préceptes de la loi divine et proclamé ses droits sur les consciences. L'Amour infini avait fait connaître aux hommes les statuts et les principes du ciel. Dieu avait dit : 'Vous les observerez et vous les mettrez en pratique ; car ce sera là votre sagesse et votre intelligence aux yeux des peuples, qui entendront parler de toutes ces lois et qui diront : Cette grande nation est un peuple absolument sage et intelligent !' [Deutéronome 4:6] En rejetant le don du ciel, la France répandait des semences d'anarchie et de ruine dont la moisson inévitable fut récoltée sous la Révolution et le règne de Terreur[36]. »

Ellen White comprend que les atrocités de la Révolution et du Règne de Terreur furent les conséquences du rejet de la Réforme protestante au XVIe siècle. Dans

---

[33] *Ibid.*, p. 242.
[34] *Ibid.*, p. 241, 242.
[35] La déesse Raison fut placée sur l'autel de la cathédrale Notre Dame de Paris le 10 novembre 1793.
[36] Ellen White, *La tragédie des siècles*, p. 244-245.

son chapitre sur la Révolution française, elle soutient que si la France n'avait pas supprimé la Bible durant la Réforme et au début de la Révolution, « les enseignements des Ecritures auraient au contraire implanté dans les esprits et les cœurs des principes de justice, de tempérance, de vérité, d'équité et de bienveillance, principes qui sont la pierre angulaire de la prospérité nationale[37]. » Elle ajoute que « L'Evangile aurait apporté à la France la solution des problèmes politiques et sociaux qui déjouaient l'habileté de son clergé, de son roi et de ses législateurs et qui finirent pas plonger le pays dans l'anarchie et la ruine[38]. »

Jean Calvin à Genève

Après sa description et son commentaire sur l'Affaire des placards, Ellen White retourne à son récit de la Réforme en France. Elle décrit l'arrivée de Guillaume Farel à Genève et de quelle façon Jean Calvin vint à se joindre à lui. En dépit des difficultés et du rejet initial des Genevois, ils réussissent par la grâce de Dieu à implanter dans cette ville la lumière de l'Evangile du Christ. Malgré les efforts de Rome pour éteindre la lumière de la Réforme, White soutient que « grâce aux successeurs de Luther suscités par Dieu, le protestantisme ne fut pas anéanti[39]. » De petits pays comme Genève, la Hollande et la Suède deviennent les gardiens de la lumière de la vérité.

Pendant près de trente ans à Genève, Calvin « consacra ses forces d'abord à l'établissement d'une Eglise qui adhérât à la moralité exigée par la Parole de Dieu, puis à la défense de la Réforme dans toute l'Europe. Sa carrière ne fut pas irréprochable, ni ses enseignements exempts d'erreurs. Mais il fut l'instrument dont Dieu se servit pour maintenir les principes du protestantisme contre une rapide recrudescence du papisme et pour introduire dans les Eglises de la Réforme la pureté et la simplicité des mœurs[40]. »

A la fin de son récit, Ellen White remarque que depuis Genève « partaient des prédicateurs qui allaient répandre la doctrine réformée et de là aussi étaient envoyés des ouvrages destinés à faire connaître l'Evangile[41]. » C'est à Genève que les multitudes de persécutés trouvent refuge. Et de Genève, plusieurs retournent dans leurs pays d'origine pour y porter « le flambeau de la vérité, destiné à dissiper les ténèbres qui pesaient sur leurs patries[42]. » John Knox, le

---

[37] *Ibid.*, p. 299.
[38] *Ibid.*, p. 300.
[39] *Ibid.*, p. 250.
[40] *Ibid.*, p. 251.
[41] *Ibid.*
[42] *Ibid.*

réformateur écossais, les Puritains anglais, les protestants de Hollande et d'Espagne, et les Huguenots de France bénéficient tous du travail de Calvin à Genève[43].

Même si Ellen White ne consacre pas beaucoup de pages de son récit à la vie et l'influence de Jean Calvin, elle reconnaît néanmoins ses contributions importantes à la Réforme en Europe. Son rôle dans la grande controverse entre les forces du bien et les puissances du mal est essentiel et décisif. Contrairement au roi de France et à ses dignitaires ecclésiastiques qui rejettent la Réforme, Calvin consacre sa vie à Dieu et à l'Evangile de Christ. Calvin et ses collègues font partie d'une équipe d'ouvriers que Dieu a préparés pour apporter la lumière de la vérité à leur nation, une lumière qui est rejetée à maintes reprises, avec de grandes conséquences pour la nation deux cent cinquante ans plus tard.

White s'en remet beaucoup aux récits historiques de Merle d'Aubigné et de Wylie pour la rédaction de son propre récit durant la période initiale de la Réforme protestante en France. Si certains détails historiques de son récit sont plus ou moins précis ou exacts, et je note à nouveau que le texte français de *La tragédie des siècles* contient des détails historiques qui ne se retrouvent pas dans la version originale anglaise, son interprétation n'en demeure pas moins valable. Ce chapitre sur la Réforme en France décrit à la fois le courage et la perspicacité de gens comme Calvin qui acceptent la Parole de Dieu et les raisons pour le rejet de la Réforme en France et les événements qui étape par étape amènent cette décision tragique. La Révolution et la Grande Terreur sont perçus comme les conséquences de ce rejet de la Réforme. White n'est pas le seul auteur du XIXe siècle à en arriver à cette conclusion. La plupart des Protestants anglophones en Amérique et dans les pays de souche britannique croient qu'il y a un lien direct entre la stabilité d'un pays et l'acceptation de l'Evangile. Wylie, Merle d'Aubigné, Ellen White et plusieurs autres auteurs croient ainsi qu'il y a un lien direct entre le rejet de la Réforme en France et la Grande Terreur deux siècles et demi plus tard. François-René de Chateaubriand exprime des idées et une interprétation semblable dans son « *Essai historique, politique et moral sur les révolutions anciennes et modernes, considérées dans leurs rapports avec la Révolution française* », publié à Londres en 1797.

Concernant l'historiographie de Merle d'Aubigné, il est intéressant de noter que Bernard Reymond soutient que pour Merle d'Aubigné « la Réformation est une œuvre de Dieu[44]. » Reymond conclut que son récit « est de l'histoire militante

---

[43] *Ibid.*

[44] Bernard Reymond, *Le protestantisme et Calvin*, Genève, Labor et Fides, 2008, p. 98.

au service d'une cause, qui est à la fois celle du Réveil et de rendre à Calvin la première place au sein de la tradition réformée[45]. » Une fois traduits en anglais les volumes de Merle d'Aubigné lui valent « une audience qui dépasse largement les limites de la francophonie[46]. »

La tragédie des siècles n'est donc pas un manuel scolaire d'histoire de la Réforme ; il est plutôt l'interprétation de cette histoire qu'en fait Ellen White dans le contexte de cette grande controverse entre le bien et le mal. Elle est sélective dans le choix des événements de la Réforme qu'elle présente. Certains événements décisifs durant les premières années de la Réforme en France n'apparaissent pas dans son récit : tel le discours de Nicolas Cop, le 1er novembre 1533. Et elle ne mentionne pas des événements majeurs subséquents, tels que l'Edit de Nantes, la révocation de l'Edit de Nantes, et les guerres de religions. Toutefois, les événements auxquels elle se réfère soutiennent sa philosophie de l'histoire.

> « Ce n'est que dans la Parole de Dieu que ceci est clairement énoncé. Il y est montré que la force des peuples et des individus ne réside pas dans les occasions ou les facilités qui semblent les rendre invincibles, non plus que dans leur prétendue grandeur. Elle est en proportion de la fidélité avec laquelle ils accomplissent le dessein de Dieu[47]. »

> « Il a été concédé une place à toute nation qui a fait son apparition sur la scène de l'activité de ce monde, afin qu'elle puisse faire voir si elle était déterminée à accomplir les desseins de Dieu[48]. »

Ainsi, d'après Ellen White, François 1er et les dirigeants ecclésiastiques français du XVIe siècle ont échoué dans leur destinée en ne saisissant pas la Parole de Dieu pour la laisser transformer leur nation et leur Eglise. Ce fut de leur part une erreur grave qui prépara les événements tragiques de 1793. En revanche, Genève accepta l'influence de Calvin et de ses collègues et ainsi accomplit la volonté de Dieu à leur égard. Pour White, l'histoire de la Réforme en France au XVIe siècle est instructive pour nous aujourd'hui.

> « L'histoire des peuples qui, l'un après l'autre, ont rempli le temps et l'espace qui leur avait été accordé, et qui ont inconsciemment rendu témoignage à une vérité dont ils n'ont pas eux-mêmes compris le sens, cette histoire est propre à nous instruire. Aujourd'hui encore, Dieu assigne une place dans son vaste plan

---

[45] *Ibid*. Le Réveil auquel il fait allusion est une vague réformée au XIXe siècle qui cherche à combler le vide laissé derrière lui par le néo-protestantisme libéral du XVIIIe et du début du XIXe siècle.
[46] *Ibid*., p. 99. Bernard Reymond ajoute: « Considéré sous cet angle, Merle est bel et bien l'un de ceux qui ont pris une part décisive dans le retour de Calvin au sein de l'actualité protestante, même si ses livres ne trouvent plus guère de lecteurs aujourd'hui. »
[47] Ellen White, *Education*, Paris, Signes des Temps, 1924, p. 163.
[48] *Ibid*.

à toutes les nations et à tous les individus. [...] Chacun choisit librement sa destinée, et Dieu dirige tout pour la consommation de ses desseins[49]. »

---

[49] *Ibid.*, p. 166.

L'héritage de Jean Calvin dans les croyances adventistes

Thomas Domanyi[1]

Si vous demandez aux adventistes ce qui est à l'origine et ce qui identifie leur communauté de foi, la réponse classique sera : les adventistes se considèrent comme une Eglise protestante indépendante (libre) issue de l'Amérique du nord, enracinée dans le mouvement revivaliste millérite protestant du milieu du XIXᵉ siècle. Mais comment ces formulations s'accordent-elles ? La Réforme a démarré trois siècles plus tôt en Europe, plus précisément en Allemagne et en Suisse. A y regarder de plus près, on tombe inévitablement sur le nom de Jean Calvin. Entre 1541 et 1564, dans un effort de réforme ecclésiale, il a transformé la République de Genève en une « Jérusalem du protestantisme » (John Knox), un deuxième centre du mouvement de la Réforme après Wittenberg. Le calvinisme a réussi à pénétrer dans des régions comme la France, la Hollande, l'Angleterre et l'Ecosse qui initialement restaient fermées au luthérianisme. Quand en 1620, le Mayflower et ses pères pèlerins ont levé les voiles pour Plymouth, l'esprit de Calvin était à bord avec eux. Les dissidents anglais, qui ont quitté leur patrie pour le bien de leur foi, étaient des calvinistes convaincus. C'est à eux que les protestants d'Amérique du nord doivent leur empreinte calviniste. Les croyances fondamentales des adventistes du septième jour en sont une preuve évidente.

Afin d'alimenter mon propos je vais prendre comme exemple quelques croyances fondamentales où l'influence de Calvin se voit facilement. Dans ce bref aperçu, nous examinerons plus attentivement les points suivants : la perception que Calvin a de l'Eglise, le biblicisme de Calvin pour élaborer sa théologie et les principes de Calvin dans l'étude des Ecritures, le rapport de

---

[1] Thomas Domanyi, Docteur en histoire, est professeur émérite en éthique et histoire de l'Eglise de la Facuté adventiste de théologie de Collonges-sous-Salève (France) et de la *Theologische Fakultät* de l'Université adventiste de Friedensau (Allemagne). La traduction a été réalisée par Claude Villeneuve.

Calvin à l'Ancien Testament et sa conception de l'œuvre impénétrable du Saint-Esprit.

La perception que Calvin a de l'Eglise

On considère généralement que Calvin est le grand théologien systématique parmi les réformés. C'est pourquoi quelques historiens ont essayé de le décrire au vu de son œuvre littéraire fondamentale l'*Institution de la religion chrétienne* (*Institutio Christianae Religionis*). Mais cela ne suffit pas. Tout aussi importants sont le *Catéchisme de Genève* et *Les ordonnances ecclésiales de l'Eglise de Genève* ; œuvres pour lesquelles Calvin aurait été prêt à mourir. Ces deux volumes démontrent que le souci principal de Calvin n'était pas l'explication théorique de la doctrine réformiste de la Bible mais bien plutôt la formation et la préservation de l'Eglise. Les Eglises réformées, persécutées dans sa patrie française, devaient être soutenues et en mesure de rester fermes dans ce climat de diaspora. Il est donc approprié de commencer en explorant la perception que Calvin se fait de l'Eglise.

Dans la théologie de Calvin, l'Eglise occupe une place centrale. Pour lui, l'Eglise est une communauté visible de pécheurs pardonnés. En attribuant la signification de « communauté de croyants » à l'Eglise, Calvin se distinguait de Luther, qui favorisait davantage l'Eglise invisible par opposition à l'Eglise visible, ou de certains milieux anabaptistes qui voulaient définir l'Eglise comme une communauté de croyants sans péché. Pour Calvin, l'Eglise doit son existence non à l'excellence humaine mais à la grâce divine. De ce fait, ce qui caractérise la véritable Eglise ce n'est pas la perfection morale de ses membres, mais l'annonce du pur évangile, sans altération, et la dispensation d'une administration fidèle des sacrements (le baptême et la Sainte Cène).

Au sein de l'Eglise, il n'y a pas que d'authentiques croyants ; il y a aussi des hypocrites. Mais comme nous ne sommes pas en mesure de faire la distinction entre ces deux groupes, il y a de ce fait une Eglise visible et une invisible. On ne peut les séparer. Ainsi ce serait une erreur d'abandonner son Eglise pour une autre plus pure, à cause de ses déficiences morales.

La visibilité de l'Eglise se voit dans l'organisation de son adoration. Le fondement du service du culte, tout comme la vie entière de l'Eglise, font partie de son organisation. Cette organisation vise à dispenser dignement les sacrements. Un rôle particulier, dans l'organisation de l'Eglise, est donné à ceux qui y exercent une fonction, tels que pasteurs, docteurs, anciens et diacres. Car recevoir dignement la Sainte Cène implique la présence d'un pasteur légitimement appelé par l'assemblée réunie (le rite *vocatus minister*).

Malgré le fait que Calvin justifie par le Nouveau Testament l'établissement des fonctions ecclésiales, son appréciation de ces fonctions et de l'organisation de l'Eglise s'enracine non dans sa connaissance en tant que bibliste mais dans ses convictions religieuses dominantes, à savoir le *Christus ressurexit* et le *Credo* du *Spiritum sanctum*. De par la résurrection de Christ, l'Eglise de Jésus-Christ existe. Parce que le Saint-Esprit existe, il appelle l'Eglise en sa présence et la conduit. Christ vit au sein de l'Eglise, le Saint-Esprit agit dans l'Eglise. C'est pourquoi l'existence d'une communauté visible de croyants est inéluctable.

Néanmoins, selon Calvin, la nature première de l'Eglise demeure légalement et extérieurement inaccessible puisque la communauté de foi existe par le moyen de la promesse donnée. La communion avec Dieu ne peut être saisie que par la foi en la promesse divine (Mt 28.20). Là se trouve la nature invisible de l'Eglise. Par le pouvoir de la Parole de Dieu et du Saint-Esprit, l'Eglise acquiert une forme visible parmi les hommes. L'Eglise n'est pas seulement faite de ses caractéristiques intrinsèques mais aussi de sa forme corporelle. Calvin insiste vraiment sur ce point parce que Christ demande que l'Eglise ait aussi une existence corporelle. Christ est le Seigneur de l'organisation de l'Eglise. Que cette organisation vienne à être dégradée par des cérémonies qui ne sont pas bibliques ou par des habitudes de vie immorales, ce droit seigneurial du Christ en est altéré. Ce point de vue est pour Calvin à la base de la grande estime qu'il a des positions et des fonctions ecclésiales.

La proximité entre le point de vue de Calvin et de l'Eglise adventiste est démontrée par la douzième croyance fondamentale de l'Eglise :

> « L'Eglise est la communauté des croyants qui confessent Jésus Christ comme Seigneur et Sauveur. A l'instar du peuple de Dieu de l'ancienne alliance, nous sommes appelés à sortir du monde ; nous nous assemblons pour adorer, pour fraterniser, pour nous instruire dans la Parole de Dieu, célébrer la Sainte Cène, venir en aide à nos semblables et proclamer l'Evangile au monde entier. L'autorité de l'Eglise émane du Christ, qui est la Parole incarnée, et de la Bible, qui est la Parole écrite. L'Eglise est la famille de Dieu. Adoptés par le Seigneur comme ses enfants, ses membres vivent selon les statuts de la nouvelle alliance. L'Eglise est le corps du Christ, une communauté de foi dont il est lui-même la tête. L'Eglise est l'épouse pour laquelle le Christ est mort afin de la sanctifier et de la purifier. A son retour triomphal, il la fera paraître devant lui comme une Eglise glorieuse, fidèle à travers les âges, rachetée par son sang, sans tache, ni ride, mais sainte et irrépréhensible[2]. »

---

[2] Eglise adventiste du septième jour, *Manuel d'Eglise*, révisé en 2015 par la Conférence générale de San Antonio, Dammarie-lès-Lys, Vie et Santé, 2016, p. 219.

Il apparait donc qu'en conjonction de pensée avec Calvin, la conception adventiste présente l'Eglise comme visible et identifiable, et d'autre part que Christ est le Seigneur de l'Eglise.

La façon dont Calvin fait de la théologie

Dès ses premières années en tant qu'étudiant, et jusqu'à sa mort, Calvin se considérait disciple des Saintes Ecritures. Qu'il ait été aussi un remarquable enseignant de la Bible se voit par les commentaires qu'il a faits sur tous les livres de la Bible (à l'exception du livre de l'Apocalypse), ce qui explique pourquoi son approche théologique était fondée d'une façon remarquable sur la Bible. Ce fait mérite notre attention ; les adventistes n'aiment-ils pas s'appeler « le peuple du Livre » ?

Calvin a systématiquement réfléchi et écrit la totalité de sa pensée théologique dans l'*Institution de la religion chrétienne*, œuvre littéraire de presque mille pages. Aujourd'hui encore, cette présentation de la théologie protestante est d'une lecture des plus précieuses. Afin de maîtriser l'abondante matière à traiter, Calvin utilisait une méthodologie que nous appelons aujourd'hui le « biblicisme », ce qui signifie que les convictions religieuses y sont historiquement expliquées, vérifiées par des citations extraites des textes des Pères de l'Eglise et appuyées par des arguments logiques ; mais, l'autorité en arrière-plan de toute doctrine et la plus utilisée demeure la Bible. Pour Calvin, une citation biblique bien utilisée est le critère ultime le plus important de tous.

En conséquence, l'*Institution de la religion chrétienne* de Calvin n'a d'autre raison que de servir de guide vers et à travers les Ecritures Saintes. De même que Dieu et le Christ sont au centre des Saintes Ecritures, l'approche théologique de Calvin est théocentrique. Elle conduit de la connaissance de Dieu vers la connaissance de l'homme. L'exigence de cette méthode est qu'elle est dirigée du haut vers le bas ; il s'agit donc de considérer les choses à travers les yeux de Dieu. Tout ce qui est humain devient secondaire. Seule compte réellement la gloire de Dieu.

Les principes de Calvin dans l'étude des Ecritures

Toute personne spécialisée dans l'étude de l'histoire adventiste connait probablement la célèbre déclaration de John Loughborough qui s'interroge de savoir si oui ou non les adventistes devraient formuler leurs croyances une fois pour toutes. C'était en 1861, au cours d'une première rencontre administrative. On y avait discuté de la structuration d'un credo et d'une constitution. C'est à cette occasion que Loughborough a dénoncé ce qu'il a appelé « une première étape vers l'apostasie » :

« La première étape vers l'apostasie, c'est de mettre au point un credo nous indiquant ce que nous avons à croire. La seconde consiste à faire de ce credo une condition d'entrée dans l'Eglise. La troisième est de tester les paroissiens par ce credo. La quatrième consiste à dénoncer comme hérétiques ceux qui n'adhèrent pas à ce credo. Cinquième étape enfin, la persécution de ces infidèles au nom dudit credo[3]. »

Cette méfiance à fixer un credo par écrit a eu un effet durable dans l'histoire de l'Eglise adventiste. Jusqu'à ce jour l'Eglise adventiste du septième jour évite de se référer à un credo ou à une confession de foi. Elle préfère utiliser l'expression « Croyances fondamentales ». Ces croyances ne font référence à aucun lien constitutionnel mais sont une simple déclaration ; c'est-à-dire qu'elles donnent et ont un sens simplement informatif et peuvent être revues et revotées tous les cinq ans à l'occasion des sessions de la Conférence générale. Dans le préambule des Croyances fondamentales approuvées et votées lors de la session de 2015 il est déclaré :

« Une révision de ces déclarations peut être possible au cours d'une session de la Conférence générale, lorsque l'Eglise est conduite par le Saint-Esprit à une compréhension plus approfondie de la vérité biblique ou découvre un langage plus approprié en vue d'exprimer les enseignements de la sainte Parole de Dieu[4]. »

Par contraste avec les dogmes de l'Eglise catholique romaine et de la Confession d'Augsbourg de 1530 des luthériens, les Croyances fondamentales des adventistes, à l'instar des documents de la foi réformée, évitent ainsi la difficulté de devoir reformuler des déclarations de foi figées. Les adventistes sont parfaitement conscients de la limite, de la subjectivité et de l'évolution de toute connaissance humaine ainsi que du risque de l'exclusivité et de la dynamique inhérente à un schisme potentiel qui accompagnerait toute déclaration dogmatique ou toute confession de foi considérée comme définitive. Plutôt que de lier les générations futures à une certaine perception de la foi ou à une formulation figée des croyances, ils manifestent une ouverture vers de nouvelles lumières et découvertes théologiques dans l'avenir, faisant ainsi confiance à l'inénarrable action du Saint-Esprit (Jn 3.8 ; 1Co 12.11). Toute certitude définitive dans le domaine de la foi biblique fait appel à l'Esprit de Dieu. C'est pourquoi toute interprétation de l'Ecriture liée à une confession de foi rigide court-circuite la liberté de l'Ecriture.

L'attitude sceptique du jeune Calvin a commencé dès le début de la formulation de croyances dans la tradition réformée. Pour lui, les confessions de l'Eglise

---

[3] John Loughborough, « Doings of the Battle Creek Conference, October 5 & 6, 1861 », *Advent Review and Sabbath Herald* (8 octobre 1861), p. 148.
[4] General Conference of SDA Ministerial Association, *Ce que croient les adventistes... 28 vérités bibliques fondamentales*, Dammaris-lès-Lys, Vie et Santé, 2016, p. 5.

ancienne étaient devenues un problème du fait des implications exégétiques que cela induisait pour l'étude de la Bible. Ceci transparaît lors de la profonde controverse qui l'a opposé à l'ancien théologien de la Sorbonne, Pierre Caroli. Ce dernier a favorisé le mouvement de la Réforme et en 1535 est venu à Bâle. Mais une fois arrivé, il a accusé un collaborateur de Calvin, Guillaume Farel, d'adhérer à l'arianisme. Plus tard, après un court séjour à Genève en tant que pasteur, il s'est rendu à Lausanne où, en mars 1537, il a réussi à organiser un synode contre Calvin et Farel. Il a exigé du clergé de cette assemblée qu'il valide les confessions de foi de l'Eglise primitive (Symboles des apôtres, de Nicée et d'Athanase). Calvin en acceptait le contenu essentiel mais il a cependant refusé de se plier à la demande de Caroli parce que, pour lui, cet aval impliquait une atteinte à la « liberté des Ecritures ».

Il est important que la théologie adventiste prenne soigneusement garde de faire une distinction entre les Ecritures en tant que *norma normans* (norme normante, c'est-à-dire comme une référence fondamentale) et les déclarations qui viennent soutenir la foi des croyants, certes basées sur la Bible mais qui ne sont que *norma normata* (normes normées, c'est-à-dire seconde par rapport aux premières). Cela s'applique aussi à la relation existant entre le Bible, comme source essentielle d'autorité de la foi chrétienne, et la littérature d'Ellen White dont le don spirituel est pourtant authentique.

Cette prise de position était à l'époque inimaginable, mais le synode de Lausanne a fini par accepter Calvin. Calvin a été acquitté tandis que Caroli est retourné au sein de l'Eglise catholique.

Calvin et l'Ancien Testament

Les théologiens adventistes sont attachés non seulement au principe de la *sola scriptura* mais ils respectent aussi la règle de la *tota scriptura*, valorisant la Bible dans son entièreté. Cela est appuyé par la première phrase de la première croyance fondamentale : « Les Saintes Ecritures – l'Ancien et le Nouveau Testament – sont la Parole de Dieu écrite[5]. »

Cette égalisation de la Bible entre le Nouveau et l'Ancien Testament peut paraître évidente, mais dans le contexte historique de la Réforme, ce n'était pas le cas. Tandis que l'Eglise catholique romaine, au Concile de Trente, incluait dans la compilation des doctrines fondamentales, quelques-uns des textes deutérocanoniques, les Réformateurs limitaient les sources de la révélation divine, sur les questions de la foi et de la vie chrétienne, à l'Ancien et au Nouveau

---

[5] *Ce que croient les adventistes*, op. cit., p. 12.

Testament. Mais contrairement à Luther qui favorisait le Nouveau Testament par rapport à l'Ancien et qui y voyait « un canon dans le canon » (sur la base d'une insistance christocentrique divergente des livres de la Bible), Calvin croyait à l'équivalence de l'Ancien et du Nouveau Testament. Selon lui, ils constituent ensemble les Saintes Ecritures qui font autorité pour la foi chrétienne. « Il est bien vrai que quand je voudrais débattre de cette cause par raisons des arguments, je pourrais produire en avant plusieurs choses pour approuver que s'il y a un Dieu au ciel, c'est de lui que la Loi et les Prophéties sont sorties[6]. »

Dans l'esprit de Calvin, l'Ancien comme le Nouveau Testament sont d'importance égale et se complètent de plusieurs façons. Tout d'abord, leur lien commun est la continuité de l'histoire du salut. Sans l'ancienne alliance, on ne peut pas parler de nouvelle alliance. La relation entre Dieu et les humains a débuté à la création et se terminera par notre glorification. Il y a deux éléments décisifs entre la création et son apogée : la chute et l'incarnation de Christ. La chute de l'homme lui a fait perdre son libre arbitre ; et depuis il est esclave du péché. Il doit sa rédemption au Christ seul qui est au centre de l'ancienne et de la nouvelle alliance. Il en est de même pour la dynamique entre l'Ancien et le Nouveau Testament. Le premier annonce la nouvelle de la promesse et le dernier annonce sa réalisation. En plus, la nouvelle alliance, contrairement à l'ancienne, ne s'adresse pas seulement aux Juifs mais aux Gentils.

La complémentarité du lien entre l'Ancien et le Nouveau Testament peut aussi se déduire par couplage des mots « loi » et « Evangile ». La loi est enracinée dans l'alliance que Dieu a faite avec les patriarches. Ici Calvin fait la distinction entre loi cérémonielle et loi morale. La loi cérémonielle a cessé avec le sacrifice du Christ ; la loi morale est encore en vigueur. Elle a trois facettes : c'est d'abord un miroir qui nous fait prendre conscience de notre culpabilité et de la nécessité de la grâce *(usus peadagogicus legis)*. Ensuite elle sert de régulateur à la vie publique et constitue la base de la législation civile *(usus politicus legis)*. Enfin elle est le sceau et la règle de vie du croyant. Il lui obéit en gage de sa reconnaissance et de sa rédemption montrant ainsi sa nouvelle naissance *(usus in renatis)*.

La référence à la loi comme régulateur de la vie publique et comme base de la législation civile montre que Calvin ne s'intéresse pas seulement à l'Ancien Testament en raison de l'histoire du salut. Pour lui, elle sert également à déterminer l'attitude d'un citoyen chrétien envers l'ordre politique et social, en dehors du giron de l'Eglise. Les anabaptistes, avec lesquels Calvin argumentait sur ce sujet, préconisaient une attitude d'abstention politique sans

---

[6] Jean Calvin, *Institution de la religion chrétienne* I.7.4, Genève, Labor et Fides, 1955-1957 (1re éd. 1541).

compromission, au mépris de l'Ancien Testament, et en conséquence voulaient que la Réforme s'accomplisse sans, voire même contre, l'ordre public existant. D'un autre côté, Calvin comprenait l'autorité publique comme un don de Dieu pour garantir justice et humanité *(humanitas)* au sein du peuple. L'autorité publique n'est pas un état d'urgence qui concerne uniquement les croyants. De plus, les prophéties messianiques et les ordonnances cérémonielles de l'Ancien Testament ne signifient pas que les règles d'ordre civil, essentielles à la vie publique, devraient être révoquées. A cet effet, l'Israël de l'ancienne alliance est toujours un modèle pour tout ce que le terme « peuple » implique. Tout comme pour les humains un système légal n'est pas sans déficiences. Mais ce qui en fait un don de Dieu n'est pas la perfection que les anabaptistes essayaient d'atteindre, mais l'ordre politique. « Les êtres humains peuvent se tromper, mais ce sont les directives de Dieu qu'il nous faut aimer[7]. »

> « Même si les chrétiens vivent au sein d'un monde en perdition, ils sont, dans l'Ancien comme dans le Nouveau Testament, appelés par Dieu à être solidaires avec les obligations civiques et les difficultés du monde. C'est la réalité de ce monde qui est entre les mains de Dieu et qui demeure sous l'action de son Esprit[8]. »

L'Eglise réformée a profondément intégré les perspectives théologiques de Calvin en assurant à l'Ancien Testament une place permanente dans la tradition protestante. Ainsi, sous l'impulsion de Calvin, un fondement herméneutique a été initié sans lequel la théologie adventiste serait inconcevable.

L'œuvre impénétrable du Saint-Esprit

En tant que leader principal de l'Eglise de Genève, formé dans le domaine des lois et de la théologie, Calvin voulait partager rapidement et clairement *(perspicua brevitas)* avec la congrégation ce qu'il considérait comme l'essentiel des croyances chrétiennes. Il ne lui a pas échappé qu'en voulant sonder rationnellement l'essentiel de la foi, on atteint vite ses limites. Alors que Luther a lutté toute sa vie contre un Dieu inatteignable, Calvin, dans la perspective des exigences de Dieu, demande au croyant un « *sacrificium intellectus* » et l'oriente vers l'admirable inspiration de la majesté de Dieu. Mais il ne s'est pas résigné à ce seul aspect. Au contraire, il loue les œuvres impénétrables du Saint-Esprit d'un Dieu créateur et rédempteur. Si la souveraineté absolue de Dieu est

---

[7] Jean Calvin, Commentaire sur 1Tm 2.2 : « Et certe non effigit hominum pravitas quominus amanda sit Dei institutio » (Edouard Cunitz, Johann-Wilhelm Baum, Eduard Wilhelm Eugen Reus (éd.), *Joannis Calvini opera quae supersunt omnia*, Brunsvigae, Schwetschke, 1863, col. 266).
[8] Hans Scholl, « Der Geist der Gesetze. Die politische Dimension der Theologie Calvins, dargestellt besonders an seiner Auseinandersetzung mit den Täufern », dans Peter Opitz (éd.), *Calvin im Kontext der Schweizer Reformation. Historische Und Theologische Beitrage Zur Calvinforschung*, Zürich, Theologischer Verlag, 2003, p. 111.

reconnue sans contestation, alors les lois de la logique et les exigences de la raison doivent céder la place à la confiance en sa providence (*providentia*).

> « Or si nous voulons bien pourvoir aux consciences, à ce qu'elles ne soient point tracassées sans cesse de doutes et légèreté, qu'elles ne chancellent point, n'hésitent point à tous scrupules, il est requis que la persuasion que nous avons dite soit prise plus haut que de raisons humaines, ou jugements, ou conjectures : à savoir du témoignage secret du Saint-Esprit[9]. »

> « L'Esprit est nommé sceau et arrhes pour confirmer notre foi, d'autant que nos esprits ne font que flotter en doutes et scrupules, jusqu'à ce qu'ils soient illuminés[10]. »

> « Or cette simple déclaration que nous avons en la Parole de Dieu, devrait bien suffire à engendrer la foi en nous, n'était que notre aveuglement et obstination y donnât empêchement. Mais comme notre esprit est enclin à vanité, il ne peut jamais adhérer à la vérité de Dieu ; et comme il est hébété, il ne peut voir la lumière de Dieu. Par conséquent, la Parole nue ne profite de rien sans l'illumination du Saint-Esprit. D'où il appert que la foi est par-dessus toute intelligence humaine[11]. »

Cet Esprit, c'est Dieu en personne sous la forme de la troisième personne de la Trinité. Sa révélation aux humains repose seulement sur sa libre volonté. C'est pourquoi le rôle de l'Esprit ne peut se limiter ou être lié à un sacrement ou être exploité d'une autre façon. En ce sens, l'œuvre du Saint-Esprit dépasse tout ce que les humains peuvent en faire. Son œuvre inclut généralement la totalité de la création, mais d'une façon plus spécifique les êtres humains et l'Eglise. Avec pour résultat la prise de conscience réconfortante qu'une personne n'existe pas par les effets d'une cause déterministe d'un évènement cosmique, mais qu'elle est continuellement suivie et placée sous le regard de Dieu. Une personne l'apprend par la Parole et Dieu utilise son Esprit pour qu'elle soit compréhensible.

Etant à l'œuvre dans la Parole divine et dans l'esprit humain, l'Esprit relie l'homme à lui-même mais en même temps le libère de toute autre autorité et lien.

> « Or, puisque les consciences des fidèles, par le privilège de leur liberté qu'elles ont en Jésus-Christ, sont délivrées des liens et de leurs nécessaires observations des choses que le Seigneur leur a voulues être indifférentes, franches et exemptées de la puissance de tous les hommes[12]. »

Lorsqu'on réfléchit à cette déclaration jusque dans sa conclusion, le lien à la liberté de conscience est incontournable. Car si Dieu est le seul témoin de lui-même et si sa Parole est scellée en l'homme par le seul témoignage intérieur de

---

[9] Jean Calvin, *Institution de la religion chrétienne* I.7.4.
[10] *Ibid.*, I.7.4.
[11] *Ibid.*, III.2.33.
[12] *Ibid.*, III.19.14

son Esprit, alors on peut rejeter la légitimité de toute contrainte en matière de foi ou de croyance.

Toutefois, déjà sous l'influence de l'absolutisme moderne qui commençait, Calvin n'était pas prêt à faire accepter la conséquence radicale de sa théologie au sein de la société et dans la vie politique civile. C'est Roger Williams, l'un de ses adeptes, qui eut le mérite en 1663, pour la première fois dans l'histoire, de réussir à faire appliquer par la loi la liberté de foi et de conscience par la Constitution du Rhodes Island. Williams a expliqué son succès historique en avançant l'idée que le rôle joué par le Saint-Esprit au moment d'une élection divine et d'un réveil spirituel, prédisposait à la liberté religieuse[13]. On sait parfaitement que les pionniers adventistes d'Amérique du nord étaient en parfait accord avec cette tradition.

Conclusion

La comparaison entre quelques-unes des idées fondatrices de Jean Calvin et les Croyances fondamentales des adventistes, fait ressortir des liens frappants entre les convictions de foi du réformateur genevois et les doctrines de l'Eglise adventiste formulées trois siècles plus tard. Situer ces dernières dans leur contexte historico-théologique permet d'affiner leur profil et d'ouvrir la voie vers une meilleure compréhension. Nous l'avons démontré en sélectionnant des enseignements ordinaires. Il serait possible d'en ajouter plusieurs autres tels que la doctrine sur la Trinité ou le rôle sacerdotal du Christ après son ascension. Les affinités existantes entre la théologie des réformés et l'enseignement des adventistes présentent la caractéristique potentielle de jeter des ponts afin de faciliter la propension de l'Eglise à promouvoir la tolérance, la liberté de conscience et la liberté religieuse. En faisant un tel usage de cet héritage, l'Eglise adventiste du septième jour contribue un tant soit peu à la paix mondiale dont nous avons tant besoin.

---

[13] Article « Roger Williams », dans Hans Betz, Don Browning, Bernd Janowski, Eberhard Jüngel (éd.), *Religion in Geschichte und Gegenwart. Handwörterbuch für Theologie und Religionswissenschaft*, Tübingen, Mohr Siebeck, 2007.

Traduire la Bible. Pourquoi ? Pour qui ? Par qui ? Quelques repères historiques de la traduction de la Bible en français

Roland Meyer[1]

Traduire la Bible, c'est mettre la Bonne nouvelle à la disposition de celles et ceux qui n'ont pas accès à ce livre dans les langues d'origine que sont l'hébreu, l'araméen et le grec. Il arrive régulièrement, au cours des années, que l'usage des mots change. Certains sont abandonnés alors que d'autres apparaissent. La révision d'une traduction, voire une nouvelle traduction, est là pour permettre au lecteur de lire un message compréhensible à l'époque où il vit.

Chaque individu a le droit de lire, de se documenter et de prendre position pour ou contre le document qu'il a entre ses mains. Ainsi la Bible, qui est considérée par les chrétiens comme un document inspiré, devrait pouvoir être mise à la disposition de toutes celles et de tous ceux qui ne le connaissent pas et qui souhaitent en connaître le contenu. Pour que cela soit possible, le texte doit être accessible dans la langue parlée par la personne qui souhaite en prendre connaissance.

Mais par qui le texte biblique devrait-il être traduit pour être rendu accessible ? Pour ne rester que dans la langue française, l'histoire nous apprend qu'entre le XVIe et le XIXe siècle, la plupart des traductions ont été l'œuvre d'une seule personne. Certaines de ces traductions ont été revues par des spécialistes de l'époque, mais les équipes de spécialistes qui font une œuvre commune n'apparaissent qu'au XXe siècle. Puis dans le dernier quart du XXe siècle, certaines équipes sont œcuméniques.

---

[1] Roland Meyer, Docteur en théologie, est professeur de théologie systématique à la Faculté adventiste de théologie de Collonges-sous-Salève (France).

La question nous est régulièrement posée de savoir pourquoi les adventistes n'ont pas fait leur propre traduction. Nous donnerons quelques éléments de réponse à la fin de notre développement, mais d'emblée nous pouvons dire que de nombreux spécialistes adventistes, de différents pays, ont été ou sont membres des équipes de traductions de la Bible, de révisions du texte biblique ou collaborent à certains commentaires. Pour ne donner que trois exemples concernant les Bibles en français, et c'est cela qui nous intéresse dans cet article, nous renvoyons les lecteurs à la liste des collaboratrices et des collaborateurs à la traduction, aux corrections ou aux révisions de *La Nouvelle Bible Segond* (2002) ou à celle de *ZeBible* (2011). Le même constat pourra être fait lorsque la révision de la *Bible en français courant* sera terminée. Les adventistes sont particulièrement actifs en ce domaine et participent à la vie de plusieurs sociétés bibliques qui ont pour mission de traduire et de diffuser la Bible.

Avant un bref historique des grandes traductions, des *Targoums* à *La Bible Segond*, il est utile de donner quelques informations sur certains documents qui ont permis, et qui permettent, de traduire le texte biblique.

Les outils nécessaires

Lobegott Friedrich Constantin von Tischendorf (1815-1874), docteur en philosophie et spécialiste des textes grecs du Nouveau Testament, découvre dans ses nombreux voyages, différents manuscrits et publie plusieurs éditions critiques des textes du Nouveau Testament (1841, 1849, 1859). L'édition de 1869, *Novum Testamentum Graece*, regroupe la somme de ses recherches.

Il faut attendre 1898 pour avoir la première édition critique complète des manuscrits grecs du Nouveau Testament connus à cette époque. Eberhard Nestle (1851-1913), théologien et orientaliste allemand, docteur en philosophie, prépare et fait imprimer d'anciens manuscrits avec un appareil critique, sous le titre : *Novum Testamentum Graece cum apparatu critico ex editionibus et libris manu scriptis collecto*[2]. Ce texte deviendra le *Novum Testamentum Graece*. Cette édition s'impose rapidement dans le monde de la science biblique. A la mort d'Eberhard Nestle, son fils Erwin reprend le travail. Le théologien allemand Kurt Aland (1915-1994) est un collaborateur indispensable. Le *Nestle-Aland* en est actuellement à sa 28e édition (2012).

Actuellement, les traducteurs de la Bible disposent d'un nombre considérable de documents leur permettant de s'approcher du texte original. Les anciens manuscrits étaient écrits sur divers supports, principalement sur du papyrus

---

[2] Stuttgart, Privilegierte Württembergische Bibelanstalt, 1898.

(support d'écriture fait de moelle de roseau) et plus tard sur du parchemin (support d'écriture fabriqué à partir de peaux de veau ou de mouton). Les spécialistes disposent actuellement de plus de 20 000 documents pour reconstituer le texte biblique.

- ✓ Plus de 300 manuscrits *onciaux*. L'onciale est utilisée entre le IIIe et le VIIIe siècle. Il s'agit d'une écriture en caractères majuscules. Cette écriture est utilisée principalement pour les *codices* (singulier, codex) qui sont des feuilles assemblées, un peu comme nos livres actuels, qui remplacent les rouleaux de papyrus, appelés *volumen*. On a déjà connaissance de cette forme de document au IIe siècle av. J.-C. Les caractères majuscules seront peu à peu remplacés par des minuscules. Les majuscules seront conservées uniquement en début de chapitre, de paragraphe, de phrase...

- ✓ Plus de 2 800 manuscrits en lettres *minuscules*.

- ✓ Plus de 2 200 *lectionnaires* sont aussi disponibles. Un lectionnaire est un manuscrit qui contient des parties de textes. Les lectionnaires sont destinés à la lecture publique lors de certains offices.

- ✓ De très nombreuses *citations*. Au cours des siècles divers auteurs, comme les Pères de l'Eglise, ont recopié certaines parties de textes (citations) dans leurs écrits.

- ✓ Plus de 120 *papyri* (singulier, papyrus).

- ✓ De nombreuses grandes *versions* sont également des sources importantes pour la connaissance du texte biblique. Les Vieilles latines (IIe au IVe siècle), la Vulgate (IVe siècle), les versions Syriaque (IIe au VIIe siècle), Copte (IIIe au VIe siècle), Gothique (IVe siècle), Arménienne (Ve siècle), Ethiopienne (VIe siècle), Géorgienne (Ve siècle).

Les découvertes de Qumrân ont permis de mettre au jour des manuscrits de l'Ancien Testament datant d'avant J.-C. Le Professeur Michel Quesnel, ancien recteur de l'Université catholique de Lyon écrit :

« Les plus anciens manuscrits de textes bibliques que nous connaissons sont des fragments de papyrus et de parchemin découverts à partir de 1947 à Qumrân, à proximité de la mer Morte. Ils datent d'entre 200 et 100 av. J.-C. La plupart sont très fragmentaires. Seul un grand rouleau de parchemin mesurant 26 cm de haut sur 7,34 m de long contient un livre entier, le livre du prophète Esaïe. Pour disposer du texte complet de la Bible juive, il faut faire un saut de dix siècles en direction du Moyen Age : le manuscrit de Leningrad (ou manuscrit de Saint-Pétersbourg) est un codex de parchemin contenant l'entièreté du texte hébreu et araméen vocalisé ; il date du Xe siècle ap. J.-C. C'est lui qui sert de base aux éditions critiques de la Bible juive, notamment la Bibla Hebraica Stuttgartiensia, régulièrement mise à jour et rééditée ; l'appareil critique contient les variantes, notamment celles que l'on tire des manuscrits découverts à Qumrân et celles tirées d'un autre manuscrit de la même époque, le codex d'Alep, dont il reste environ les deux tiers du texte[3]. »

Comme pour l'Ancien Testament, nous ne possédons aucun manuscrit autographe des textes du Nouveau Testament.

« En comptant les papyri, les parchemins rédigés en lettres majuscules (onciales), les parchemins rédigés en lettres minuscules et les lectionnaires, on possède plusieurs milliers de documents dont les plus anciens sont des papyri du milieu du IIe siècle ap. J.-C. Mais il faut attendre le IVe siècle pour disposer du texte complet, les deux plus anciens témoins étant le codex Sinaiticus et le codex Vaticanus[4]. »

Claire Clivaz, professeure invitée à l'Institut des sciences sociales de l'Université de Lausanne, précise :

« Les manuscrits sont des objets fragiles. Les sables de l'Égypte ont permis la conservation principale des plus anciens manuscrits du Nouveau Testament et du christianisme ancien, alors qu'on manque presque totalement de documents similaires provenant de la Syrie romaine. On peut dire que nous lisons un Nouveau Testament égyptien, ou tel que lu et pratiqué par les chrétiens d'Égypte[5]. »

Les plus anciennes traductions connues de certains textes bibliques sont des traductions orales, qui plus tard ont été mises par écrit, qu'on appelle *Targoum* (pluriel, *Targoumim*). Ce sont des textes de la Bible hébraïque traduits en araméen et utilisés lors des lectures de portions de la Torah, à la synagogue, à l'intention des populations juives dont l'hébreu n'était plus une langue connue de tous à la suite de l'exil. Bon nombre de *Targoumim* ont été écrits depuis l'époque du Second Temple[6] jusqu'au Haut Moyen Age (VIe au Xe siècle).

La Septante (LXX) et la Vulgate

Au IIIe siècle av. J.-C., le grec est la langue parlée dans le bassin méditerranéen oriental. Les populations juives de la diaspora souhaitent avoir accès aux textes sacrés écrits en hébreu, mais elles ne connaissent pas la langue. Une traduction

---

[3] Michel Quesnel, « Ancienneté et authenticité des manuscrits bibliques », dans *Le monde de la Bible, histoire, art, archéologie. Les manuscrits de la Bible*, Bayard, p. 4, disponible sur www.mondedelabible.com/wp-content/uploads/2014/10/Manuscrits_de_la_Bible.pdf.
[4] *Ibid.*, p. 4-5.
[5] Claire Clivaz, « Transmettre les manuscrits bibliques dans l'Antiquité », dans *Le monde de la Bible, histoire, art, archéologie. Les manuscrits de la Bible*, Bayard, p. 11, disponible sur www.mondedelabible.com/wp-content/uploads/2014/10/Manuscrits_de_la_Bible.pdf.
[6] Période qui s'étend du milieu du VIe siècle av. J.-C (539) et qui va jusqu'au Ier siècle (70).

des textes hébreux, qui composent aujourd'hui notre Ancien Testament, est alors entreprise en Égypte sous le règne de Philadelphe (285-247 av. J.-C.) par des savants juifs. Cette œuvre porte le nom de traduction des Septante (LXX). Les traducteurs commencent par le Pentateuque et différents spécialistes complètent la traduction des autres livres. Ce travail s'étend alors sur plusieurs siècles.

> « En ce qui concerne les détails, il est bien possible que plusieurs types d'altération se sont produits. La LXX s'est étendue sur une période mouvementée depuis le temps de ses origines jusqu'au IVe siècle ap. J.-C.[7]. »

La communauté juive d'Alexandrie reconnaît alors la traduction du Pentateuque. Les traducteurs de ces textes ont ajouté d'autres livres à ce corpus. La Septante fait autorité durant le début de l'ère chrétienne. Certaines communautés juives acceptent la Septante comme texte normatif, alors que d'autres ne considèrent pas les textes ajoutés à la traduction comme inspirés. Au XVIe siècle, les protestants estiment que seuls les textes hébreux sont inspirés, alors que les catholiques acceptent, dans le canon de l'Ancien Testament, les textes intégrés à la traduction de la Septante. Ces textes sont appelés *apocryphes* (d'une origine cachée) par les protestants, et *deutérocanoniques* (d'un deuxième canon) par les catholiques. Ils sont néanmoins intégrés aux traductions des Bibles protestantes jusqu'au début du XIXe siècle, mais en mentionnant leurs particularités et en les regroupant à la fin des textes de l'Ancien Testament reconnus comme inspirés.

Dès le IIe siècle ap. J.-C., la Bible est traduite en latin, la langue commune dans cette partie du monde. Au IVe siècle, Jérôme de Stridon entreprend un grand travail de révision de certaines traductions latines. Il en sort finalement une traduction de l'Ancien et du Nouveau Testament. La Bible de Jérôme n'est pas facilement acceptée car les chrétiens sont habitués à la version des Septante. La traduction de Jérôme est finalement acceptée par Rome deux siècles après sa mort. Elle reçoit plus tard le nom de « Vulgate », du latin *vulgata* (rendue publique). Contrairement à la *Vetus Latina* (vieille latine) qui était traduite en latin d'après la traduction grecque des Septante, la Bible de Jérôme (Vulgate) a été traduite d'après les textes hébreux pour l'Ancien Testament et d'après les textes grecs pour le Nouveau Testament. Ce n'est qu'au VIIIe siècle que Charlemagne (env. 742-814), roi de France, impose officiellement la Vulgate. En 1546, l'Église catholique déclare que la Vulgate serait la seule version officielle.

---

[7] « History of the Septuagint Text », dans *Septuaginta, Id est Vetus Testamentum graece iuxta LXX interpretes, edidit Alfred Rahls, Editio minor, Duo volumina in uno*, Stuttgart, Deutsche Bibelgesellschaft Stuttgart, 1935, p. LVI.

Après de nombreuses révisions et des remaniements, une version définitive paraît à la fin du XVIe siècle.

La Bible de Luther

Même si dans cet article nous brossons très rapidement l'histoire de la traduction de la Bible en français, il nous semble incontournable de mentionner la Bible dite « de Luther », en cette période de commémoration. Du côté alémanique, la Bible avait déjà été traduite avant Luther. Il commence sa traduction sur le conseil de son disciple Philippe Mélanchton. Pour le Nouveau Testament qui est publié en 1522, il utilise la deuxième édition du texte grec publié par Erasme en 1519, ce document recevra le nom de *Textus Receptus*[8], ainsi que sur la Vulgate. Ne maîtrisant pas l'hébreu aussi bien que le grec, Luther ne traduit que partiellement l'Ancien Testament. Afin de réaliser sa traduction complète, il s'entoure de ses amis, dont Mélanchton. La Bible complète de Luther est publiée en octobre 1534, y compris les livres deutérocanoniques.

La Bible de Lefèvre d'Etaples

Du côté francophone, c'est en 1523 que Jacques Lefèvre d'Etaples (1455-1536) publie sa traduction française du Nouveau Testament réalisée à partir des textes latins de la Vulgate. Il apporte dans le texte certaines modifications faites d'après le grec. Il termine la traduction de l'Ancien Testament en 1528 et la Bible entière est publiée en 1530.

La Bible d'Olivétan

En 1535, Pierre Robert Olivétan (1506-1538), cousin de Jean Calvin, publie sa traduction de la Bible protestante avec les livres apocryphes. Pour la traduction de l'Ancien Testament, Olivétan se sert surtout du texte hébreu massorétique et, pour la traduction du Nouveau Testament, il utilise principalement les textes grecs rassemblés par Erasme de Rotterdam, le *Textus Receptus*. La Bible d'Olivétan est révisée par Jean Calvin (1509-1564) en 1560, puis par Théodore de Bèze (1519-1605) en 1588. Elle est la Bible de référence du monde protestant francophone de l'époque pendant une bonne centaine d'années. Le français subissant des modifications importantes dans la seconde moitié du XVIIe siècle, les révisions s'avèrent nécessaires.

---

[8] *Textus Receptus* ou « Texte reçu » est le nom donné à la première version imprimée du Nouveau Testament en grec publiée à la hâte en 1516 par le hollandais Erasme. Ce texte est basé sur des manuscrits grecs tardifs (XIIIe et XVe s.) auxquels sont incorporés des textes latins de la Vulgate.

La Bible de Castellion

Sébastien Castellion[9] est né à Saint-Martin-du-Fresne, dans la région de Nantua qui faisait partie du duché de Savoie. En 1540 il se rend à Strasbourg afin d'y rencontrer Calvin, puis il est nommé directeur du collège de Rives, à Genève, en 1542. Les différends avec Calvin vont en augmentant.

En 1551, il publie sa traduction de la Bible en latin. Différents facteurs font que ses relations avec Jean Calvin et Théodore de Bèze se détériorent.

En 1555 paraît la traduction de la Bible en français par Castellion, à Bâle, chez Jean Hervage. Cette Bible ne sera éditée qu'une seule fois. Alors qu'Olivétan avait fait un travail de grammairien, traduisant de manière rigoureuse, Castellion s'est démarqué de cette manière de faire, proposant une traduction accessible aux gens du peuple. « Son but avoué, c'est de toucher un public qui ne se limite pas au cercle des lettrés[10]. »

Castellion précise dans l'« Avertissement touchant cette translation[11] » de *La Bible nouvellement translatée*, en 1555, qu'il a

> « usé d'un langage commun et simple, et le plus entendible qu'il m'a été possible. Et pour cette cause, au lieu d'user de mots grecs ou latins qui ne sont pas entendus du simple peuple, j'ai quelquefois usé des mots français quand j'en ai pu trouver : sinon j'en ai forgé sur les français par nécessité, et les ai forgés tels qu'on les pourra aisément entendre, quand on aura une fois ouï que c'est : comme serait ès sacrifices ce mot brulage, lequel mot j'ai mis au lieu de holocauste, sachant qu'un idiot n'entend ni ne peut de longtemps entendre que veut dire holocauste. »

Castellion, considérant que les récits bibliques ne couvrent pas toutes les périodes de l'histoire, ajoute à sa traduction des extraits de l'écrivain juif Flavius Josèphe pour compléter ce manque.

La Bible de Genève

La *Bible de Genève* est une version utilisée dès 1560 par les premiers hommes de la Réforme, comme Jean Calvin et Théodore de Bèze. Elle est issue de la traduction de Pierre Olivétan dont le texte est revu d'après le *Textus Receptus*, et d'après des

---

[9] « Son nom a été diversement orthographié : Chatillon, Chasteillon, Châtillon [...]. C'est comme 'Sébastien Castellion' qu'il est aujourd'hui le plus connu. Il signe sa Bible française 'Châteillon' » (Jacques Roubaud, « Préface » de *La Bible nouvellement translatée* par Sébastien Castellion, Paris, Bayard, 2005, p. 50).

[10] Marie-Christine Gomez-Géraud, « Introduction » de *La Bible nouvellement translatée* par Sébastien Castellion, Paris, Bayard, 2005, p. 73-74.

[11] Cet « Avertissement touchant cette translation » est publié dans *La Bible nouvellement translatée* par Sébastien Castellion, Paris, Bayard, 2005, p. 104-110.

manuscrits hébreux et grecs, par les pasteurs de Genève. La dernière édition est révisée par Calvin. Elle servira de base à une traduction en italien, puis en anglais. David Martin (1639-1721) en publiera une nouvelle version. Le Nouveau Testament paraît en 1696 et la Bible entière en 1707.

La Bible d'Ostervald

Le pasteur de Neuchâtel, Jean-Frédéric Ostervald (1663-1747), révise et corrige le texte d'Olivétan. Dans l'Avertissement de cette nouvelle édition de 1724[12], les éditeurs écrivent :

> « Pour ce qui est des Livres Apocryphes, on a eu trois raisons pour ne les pas ajouter aux Livres Canoniques. La première, c'est qu'ils se trouvent dans presque toutes les Bibles qui sont imprimées depuis quelques années. La seconde, c'est qu'ils auraient trop grossi cet Ouvrage, qui, par les Reflexions que l'Auteur y a faites, compose un assez juste Volume. La troisième et la principale, c'est que M. Ostervald n'a point travaillé sur les Apocryphes. »

L'édition de 1836 contient les livres apocryphes[13]. Elle s'intitule, *La Sainte Bible*, ou *L'Ancien et le Nouveau Testament*, d'après l'édition publiée par J. F. Ostervald, et revue par les Sociétés bibliques de Lausanne et de Neuchâtel, seconde édition, revue par la Société de Bible de Lausanne.

La Bible de Lausanne

En 1861 paraît *La Bible de Lausanne*[14]. Un groupe de protestants piétistes, connu sous le nom « Une société de ministres de la Parole de Dieu », sous la direction de Louis Gaussen (1790-1863), professeur à l'Université de Genève, puis sous celle du pasteur suisse Louis Burnier (1795-1873) s'attèle à cette nouvelle tâche. Le Nouveau Testament traduit d'après le *Textus Receptus* paraît en 1839. Quant à l'Ancien Testament, il paraît en 1861, à Lausanne, chez Georges Bridel. La préface, datée du mois d'août 1861, donne quelques indications quant à la méthodologie :

> « Les auteurs de la nouvelle version se sont aidés, comme ils le devaient, de tous ces travaux [révisions antérieures], et, sans méconnaître les anciens services

---

[12] Cette édition de 1724 est revue et corrigée par les pasteurs et les professeurs de l'Eglise de Genève.
[13] Ils figurent également dans l'édition de 1823. La préface de l'édition des livres apocryphes de 1836 dit : « Si nous les plaçons ici [...], c'est pour nous conformer à un usage suivi jusqu'à présent ; usage fondé sur l'exemple des Juifs eux-mêmes, qui les placèrent comme des livres instructifs et moraux, à la suite de leurs Livres Canoniques, dans la version grecque dite *des septante*. [...] En effet, quoique l'on ne puisse pas citer ces Livres comme une règle en matière de foi, ils peuvent servir à l'instruction et à l'édification des fidèles. »
[14] *La Sainte Bible*, Ancien Testament, Nouvelle version du texte hébreu, Lausanne, Georges Bridel éditeur, 1861. Pour le Nouveau Testament : Le Nouveau Testament de notre Seigneur Jésus Christ, traduit par une société de ministres de la Parole de Dieu sur le texte grec reçu et suivi d'un choix de variantes. Quatrième édition revue et corrigée, Lausanne, Georges Bridel éditeur, 1872.

rendus par Ostervald et par Martin, ils sont remontés plus haut encore, savoir à la Bible primitive de Genève, dont la dernière édition parfaitement pure est de l'an 1712. »

La Bible Segond

La Compagnie des pasteurs de l'Eglise de Genève confie au professeur Jacques-Jean-Louis Segond le soin de faire la meilleure traduction française possible des textes de l'Ancien Testament. Louis Segond est né le 3 octobre 1810 à Genève. Il meurt dans cette même ville le 19 juin 1885. Son père est un catholique français qui a servi dans les troupes napoléoniennes. Il gère une échoppe de cordonnier au centre de Genève. Sa mère est genevoise, attachée au protestantisme. Louis s'intéresse aux sciences naturelles et à la médecine et entre à l'Académie de Genève. En 1830 il commence ses études de théologie. Il obtient le grade de bachelier en théologie à l'Université de Strasbourg en 1834, puis sa licence en théologie en 1835. Il est docteur en théologie de l'Université de Strasbourg en 1836. Il est pasteur dans la région genevoise (Chêne-Bougeries), puis professeur à la Faculté de théologie de l'Université de Genève.

Sa traduction de l'Ancien Testament paraît en 1874. Le 31 octobre 1873, à propos de la nécessité de traduire les textes bibliques, Segond écrit ce qui suit dans l'avant-propos de la première édition de sa traduction de l'Ancien Testament :

> « Les Juifs attribuaient à la plupart de ces livres une autorité divine, et leurs docteurs en faisaient le point de départ des enseignements qu'ils donnaient au peuple. Aussi quand la langue hébraïque eut cessé d'être une langue parlée, furent-ils les premiers à éprouver le besoin d'avoir, pour leur usage, des traductions dans les idiomes des peuples au milieu desquels ils vivaient dispersés.
>
> Ainsi prit naissance la version dite *des Septante* ou *d'Alexandrie*, la plus célèbre de toutes et en même temps la plus ancienne, composée en grec par des savants juifs établis en Egypte, et très probablement achevée cent cinquante ans environ avant Jésus-Christ. [...] Les Septante ont servi de base à un grand nombre de versions écrites dans plusieurs des dialectes de l'Orient ; c'est d'après les Septante, et non d'après l'hébreu, que sont habituellement faites les citations de l'Ancien Testament dans le Nouveau ; les chrétiens des premiers siècles, ne sachant pas l'hébreu, furent conduits à se servir de la version des Septante, et allèrent même jusqu'à croire à son inspiration ; enfin, toutes les versions latines usitées dans l'Eglise d'Occident jusqu'à l'époque d'Augustin[15] étaient des reproductions, généralement assez imparfaites, de celle des Septante » (p. IX et X).

Segond commente alors le travail de Jérôme (347-420) :

---

[15] Augustin (354-430) s'intéresse particulièrement à la philosophie, à la théologie, à l'éthique, à la politique et à l'exégèse biblique.

> « Il se mit à comparer le texte original de l'Ancien Testament avec la version grecque des Septante et avec la meilleure des versions latines (la *vetus Itala*) exécutées sur les Septante. Il fut bientôt convaincu des fautes évidentes et des nombreuses imperfections de l'une comme de l'autre ; et, encouragé par quelques amis, il prit la résolution de traduire à nouveau la Bible en latin immédiatement d'après l'hébreu. Cette œuvre, qui a coûté à son auteur vingt années de travaux assidus, fut commencée vers l'an 385 et achevée l'an 405 » (p. X).

Parlant des difficultés de la traduction et des connaissances à avoir pour entreprendre un tel travail, Segond écrit :

> « Qui dira dans quelles limites et sous quelles formes le secours divin se manifeste en pareille circonstance ? Peut-on s'attendre à une force surnaturelle qui préserve de toute inexactitude, à une sorte d'inspiration infaillible qui n'a pas même été le privilège des copistes auxquels nous sommes redevables du texte original dont il s'agit de reproduire le sens dans nos langues modernes ? » (p. XVI).

Louis Segond travaille à partir des différents documents originaux disponibles lui permettant d'aller au plus près des textes les plus anciens connus à l'époque. Certes Segond ne dispose, au milieu du XIXe siècle, que de quelques manuscrits. Les traducteurs actuels disposent d'environ vingt mille documents pour traduire la Bible. La Bible Segond est très rapidement devenue la Bible de référence dans le monde protestant en général et pour les adventistes du monde francophone en particulier.

Le 31 octobre 1873, Louis Segond écrit dans l'avant-propos de l'édition de son Ancien Testament :

> « Toutes nos versions, unies en elles par une étroite filiation, découlent de la Vulgate latine, reproduction en quelque mesure incertaine du travail primitif de Jérôme. Ainsi, les Eglises réformées de langue française n'ont jamais possédé une *traduction* de la Bible, faite en entier sur les textes originaux. […] Aujourd'hui, grâce à un courant plus libéral et à des appréciations plus judicieuses, il n'y a pas à risquer la censure ou le bûcher pour qui, s'écartant de ses devanciers, essaie de donner à ses frères une interprétation plus fidèle des choses qui nous ont à tous été révélées » (p. XIII-XIV).

Dans le texte de la première page de l'édition de la Bible de famille Segond/Oltramare, de la Société biblique de Genève en 1888[16], les membres de la Société biblique protestante de Paris ayant pour but de placer la Bible dans chaque famille écrivent :

> « La Société biblique protestante a été fondée à Paris, en 1818, par une réunion de sincères amis de la religion, dans l'intention de faire imprimer et de

---

[16] *La Sainte Bible*. Ancien Testament, version de L. Segond. Nouveau Testament, version de H. Oltramare, Paris, Agence de la Société biblique protestante, 1888. Bible imprimée à l'Imprimerie Berger-Levrault et Cie, à Nancy.

distribuer la Bible entière et le Nouveau Testament, parmi les protestants de France ; dans les versions françaises et allemandes usitées dans leurs églises. [...] Le Comité central a pris la résolution d'offrir une Bible à tous les nouveaux couples dont le mariage est béni dans les églises protestantes de France. »

La préface de cette nouvelle Bible est rédigée par la Compagnie des pasteurs de Genève[17]. Nous en donnons quelques extraits ci-dessous :

« Le texte des Saintes Ecritures nous ayant été donné dans des idiomes maintenant hors d'usage, l'hébreu pour l'Ancien Testament, le grec pour le Nouveau, la nécessité de leur traduction dans les langues modernes est d'une évidence qui permet de dire : Dieu l'a voulu ! [...] En effet, si le texte original est immuable, celui des versions ne saurait l'être. La connaissance des langues anciennes s'enrichit tous les jours par les progrès de la science, la valeur des langues modernes se modifie graduellement par le mouvement de la vie des peuples. Et il est si bien de l'essence même d'une traduction d'être périodiquement et successivement améliorée, qu'on peut dire encore ici que Dieu l'a voulu. C'est la gloire de nos Réformateurs, de Calvin en particulier, d'avoir compris cette nécessité et prescrit ce devoir. [...] Jusqu'ici les simples révisions avaient pu suffire. Notre époque réclamait davantage. Depuis quinze ou vingt ans, la presse religieuse attirait justement l'attention sur l'insuffisance des versions actuellement en usage dans les Eglises de langue française. [...] La version du Nouveau Testament, entreprise et achevée par M. le professeur Oltramare, a paru il y a plus d'une année[18]. Pour l'Ancien Testament, la Compagnie des Pasteurs s'était antérieurement adressée à M. le docteur Louis Segond, que désignaient à son choix ses études spéciales, sa profonde connaissance de la langue hébraïque et les ouvrages déjà publiés par lui, aussi bien que la fermeté de ses convictions, son zèle et sa piété[19]. »

En plus de maîtriser l'hébreu, Segond maîtrise le grec et d'autres langues. C'est alors qu'il entreprend la traduction du Nouveau Testament qui sera publiée en 1880.

A cette époque, la Compagnie des pasteurs de Genève

« jugea que le meilleur moyen de répondre aux exigences de la situation, c'était d'encourager de son appui une œuvre individuelle, placée sous son contrôle officieux, et soumise ultérieurement à son approbation. C'est dans ces conditions, heureusement réalisées, et sur le préavis favorable de ses commissaires, qu'elle offre aux fidèles de notre Eglise la version du Nouveau Testament due aux soins de M. le pasteur et professeur Oltramare, et qu'elle peut leur annoncer comme prochaine la publication parallèle d'une version de l'Ancien Testament par M. le docteur Segond[20]. »

---

[17] La Compagnie des pasteurs de Genève est composée des pasteurs et des professeurs de l'Académie depuis 1559. Elle exerce une vaste activité jusqu'en 1907, date de la séparation de l'Eglise et de l'Etat.
[18] La traduction du Nouveau Testament par Hugues Oltramare a paru en 1872.
[19] *La Sainte Bible*. Ancien Testament, version de L. Segond. Nouveau Testament, version de H. Oltramare, p. VII-VIII.
[20] Préface au Nouveau Testament de la Compagnie des pasteurs de Genève, le 1er mai 1872, p. VI.

La publication parallèle de cette version comporte les informations suivantes : *La Sainte Bible*. Ancien Testament, version de L. Segond. Nouveau Testament, version de H. Oltramare, Paris, Agence de la Société biblique protestante, 1888. Bible imprimée à l'Imprimerie Berger-Levrault et Cie, à Nancy.

Dans sa préface au Nouveau Testament, la Compagnie des pasteurs confirme la non infaillibilité des traducteurs :

> « Le protestantisme n'a jamais attribué à un traducteur quelconque le don d'infaillibilité ; l'Eglise de Genève, en particulier, par sa tradition de révision permanente, a constamment rappelé que toute version est nécessairement une œuvre humaine et perfectible » (p. VI).

Avec cette nouvelle traduction, les spécialistes quittent le *Textus Receptus* pour se baser sur des documents plus anciens et plus variés.

> « M. Oltramare a cherché à donner pour base à son travail ce qu'il y a de plus sûr en fait de texte grec. En conséquence, il ne s'est pas conformé au texte publié précipitamment en 1516 par les soins d'Erasme, d'après des manuscrits ne remontant qu'au quinzième et au treizième siècle, revu plus tard par Théodore de Bèze, reproduit par Robert Etienne et popularisé par les éditions des Elzévirs, sous le titre imposant de *texte reçu*. – Répondant à un vœu de la Compagnie des pasteurs, le traducteur a mis à profit les résultats les plus positifs de la science ; il a utilisé particulièrement les travaux récents du Dr Tischendorf sur les manuscrits du Nouveau Testament, sans suivre toutefois son guide d'une manière aveugle et servile » (p. VII).

Cette nouvelle traduction de la Bible (Segond/Oltramare) qui paraît pour la première fois en 1877 est la première Bible en français traduite à partir des textes hébreux et grecs et non plus à partir de traductions (Septante, Vulgate) ou d'adaptations de la Bible d'Olivétan. Dans sa traduction du Nouveau Testament, Oltramare y mettra en notes certaines variantes du *Textus Receptus*, mais il n'utilisera pas cette source pour sa traduction.

La première Bible Segond/Segond (Ancien et Nouveau Testament) paraît en 1880. Segond avait fait un avant-propos lors de la publication de l'Ancien Testament, le 31 octobre 1873, il en fait aussi un lorsqu'il publie sa traduction du Nouveau Testament, le 22 octobre 1879[21]. Nous en donnons quelques extraits ci-dessous :

> « Cette version du Nouveau Testament complète une œuvre entreprise il y a seize ans, et dont le premier résultat a été la traduction de l'Ancien Testament d'après le texte hébreu, imprimé à Genève et publié en 1874. […]
>
> Il n'en est pas du Nouveau Testament comme de l'Ancien. Le texte hébreu de celui-ci ne nous est parvenu que sous une seule forme, déterminée par des docteurs juifs appelés *massorètes*, lesquels ont réussi à faire disparaître tous les

---

[21] Cet avant-propos figure également dans la Bible Segond de 1899.

anciens manuscrits utilisés pour leur travail, et à établir l'uniformité dans les copies postérieures (dont aucune ne remonte au-delà du onzième siècle) et dans les éditions imprimées. Le texte grec du Nouveau Testament, au contraire, a été conservé dans des centaines de copies, qui vont du quatrième au quinzième siècle, et qui, sous une première apparence de confusion, laissent percer des traces de plus ou moins de parenté, de plus ou moins d'indépendance, si on les compare les unes aux autres.

Il y avait là pour qui était tenté de se mettre à la poursuite du texte primitif une ample moisson de matériaux. Mais aussi quel labeur ! quelles difficultés ! quelles impossibilités ! Plus d'autographes, plus de copies immédiates ; seulement des copies de copies, avec leurs imperfections et leurs erreurs ; et, pour les redresser, des hommes également faillibles, incapables d'arriver à des résultats complets, dégagés de toute incertitude. [...] Et si nos Réformateurs, avec leurs principes sur l'infaillibilité absolue des Ecritures, se sont peu préoccupés du soin de découvrir des variantes, il s'est trouvé plus tard des personnes douées de ces qualités que réclament au plus haut degré des études patientes et de longue haleine. [...] A la vérité, tout n'est pas à l'abri de contestations et de doutes, tous les manuscrits ne sont pas encore collationnés, ni même sans doute découverts : le plus important à certains égards, celui du Sinaï, ne l'est que depuis vingt ans » (p. V-VI).

« Nous avons pris pour base de notre version la dernière édition de Tischendorf, dite *octava critica major*, terminée en 1872[22]. Certes, elle ne saurait affirmer la prétention d'une reconstitution exacte du texte primitif, sans aucune chance d'incertitude, ce qui jamais n'arrivera ; mais tout homme compétent n'éprouvera pas la moindre hésitation à lui assigner une supériorité prononcée sur le *texte reçu* » (p. VIII).

A peine sortie de presse, la Bible Segond est analysée et critiquée (1881) par Gustave-A. Krüger, pasteur de l'Eglise évangélique libre de Vabre (Tarn). Il fait de très nombreuses remarques sur cette traduction. Il pose clairement la question dans son avant-propos : « La limpidité du style a-t-elle donc tellement ébloui les lecteurs de la Bible de M. Segond, qu'ils n'y ont pas aperçu les graves lacunes dogmatiques[23] ? » Krüger préfère manifestement la Bible de Lausanne à la version Segond. Ses remarques sont intéressantes pour l'époque, mais elles stigmatisent surtout les décisions prises par Segond de choisir des mots ou des expressions mieux adaptés dans certaines phrases pour faciliter la compréhension du lecteur, sans pour autant s'écarter du sens du texte.

Dans sa publication, Krüger choisit quelques exemples de traduction du texte de Segond, qu'il qualifie de choix au hasard, et il ne se gêne pas de faire une

---

[22] Il est à noter que Segond publie son Nouveau Testament seulement sept ans après !
[23] Gustave-A. Krüger, *Remarques sur la version de la Bible de M. Louis Segond*, Paris, J. Bonhoure et Cie, 1881, p. V.

remarque très générale qui démontre clairement sa préférence pour d'autres traductions :

> « Si, au lieu de choisir au hasard des passages de la version de M. Segond, comme nous l'avons fait [...], on examinait chapitre après chapitre, à quelle somme d'inexactitudes de traduction n'arriverait-on pas[24] ? »

Segond n'a pas suivi le *Textus Receptus* pour sa traduction, texte adopté par bon nombre de ses prédécesseurs, mais Krüger, attaché à une forte tradition conservatrice, lui reproche son abandon. Il écrit : « Toute version populaire doit avoir pour point de départ le texte reçu, par la seule raison que ce texte, ayant servi de base à toutes les versions vulgarisées, est entre les mains de tous[25]. »

Concernant la Bible Segond, et considérant toutes les erreurs qu'il lui reproche, Krüger écrit en conclusion : « Elle ne saurait donc être un guide sûr pour le chrétien qui croit à l'inspiration des Ecritures[26]. »

Krüger a résolument pris position pour la *version de Lausanne* en écrivant :

> « Il n'y a qu'une seule version française de la Bible, on peut même dire qu'il n'y en a pas d'autre dans les diverses langues que parlent les Eglises de toute la chrétienté, qui puisse être un guide sûr pour le croyant qui ne peut pas directement avoir recours aux textes originaux : c'est *la version de Lausanne*[27]. »

Cette affirmation de Krüger confirme sa position et peut-être aussi son manque partiel de compétence pour l'analyse des manuscrits et la traduction des textes.

La question se pose, au XIXe siècle, de savoir s'il est préférable que la Bible soit traduite par un seul spécialiste ou par une équipe. Lorsque la Compagnie des pasteurs de Genève demande à Louis Segond de traduire la Bible, les pasteurs pensent qu'une traduction est meilleure si elle est faite par un seul homme. C'est ce qu'ils écrivent dans la préface[28] :

> « S'il s'agit d'une traduction entièrement nouvelle à offrir au public, il devient presque indispensable que l'œuvre prenne un caractère individuel, et soit accomplie par un homme spécialement préparé et qualifié, qui y consacre tout son temps, toutes ses facultés, tous ses soins, et en porte en quelque sorte la responsabilité devant l'Eglise et devant Dieu. »

Segond ne veut pas que les éditeurs touchent à son texte de son vivant, mais il leur donne l'autorisation de faire ce qu'ils veulent après sa mort. Une première révision a lieu en 1888, mais la plus importante est réalisée en 1910. La Bible

---

[24] *Ibid.*, p. 39.
[25] *Ibid.*, p. 40.
[26] *Ibid.*, p. 53.
[27] *Ibid.*, p. 54
[28] « Préface de la Compagnie des Pasteurs de Genève », *La Sainte Bible*. Ancien Testament, version de L. Segond. Nouveau Testament, version de H. Oltramare, p. VII.

Segond est révisée régulièrement. En 2002 paraît *La Nouvelle Bible Segond*, Bible d'étude, dont le texte a été entièrement retraduit.

Quelques traductions actuelles

Les sociétés bibliques et les biblistes traduisent et retraduisent les textes. Ainsi la *Bible en français courant* (BFC) est sortie en 1982 ; elle est en train de subir une révision complète pour une parution prévue en 2018. Cette Bible, qui est une traduction de type dynamique, convient bien à la lecture publique et complète les Bibles d'étude.

ZeBible est depuis 2011 une Bible très appréciée des jeunes. Son texte, celui de la *Bible en français courant*, est commenté, présenté et expliqué par de très nombreux commentateurs en lien avec les jeunes afin de leur offrir un document adapté à leur époque.

La Bible *Parole de Vie* (PDV), est une traduction en français fondamental dont le vocabulaire a été volontairement restreint à environ quatre mille mots pour permettre aux lecteurs dont le français n'est pas la langue maternelle d'avoir accès aux textes.

La *TOB* (Traduction œcuménique de la Bible), qui a vu le jour en 1975 a, elle aussi, été révisée à plusieurs reprises. L'édition de 2010 a été entièrement revue et le texte a été en partie retraduit. Elle est composée de l'Ancien Testament que nous connaissons dans nos Bibles dites protestantes, des textes deutérocanoniques acceptés par l'Eglise catholique, et des textes deutérocanoniques acceptés par l'Eglise orthodoxe, ainsi que du Nouveau Testament.

Nous n'avons considéré qu'une infime partie de plus d'une centaine de traductions partielles ou entières de la Bible en français du XIIIe au XXIe siècle.

Nous possédons de plus en plus de documents anciens se rapportant aux textes de l'Ancien et du Nouveau Testament. Nous constatons que nos langues évoluent rapidement, que les sciences bibliques et les découvertes archéologiques nous donnent des outils de plus en plus précis pour étudier les manuscrits ainsi que les variantes qu'ils proposent pour un même récit. Traduire un texte, c'est le rendre accessible au plus grand nombre, c'est le faire vivre. Les multiples traductions et révisions de traductions de la Bible sont bien la preuve de sa qualité universellement reconnue. Certes la révision des textes est une entreprise délicate car il convient de veiller à ne pas trahir la pensée de l'auteur, mais c'est une entreprise nécessaire pour que la Parole de Dieu soit comprise par toutes les populations du monde et à toutes les époques.

La nécessité de traduire la Bible

Déjà en 1723, les pasteurs et professeurs de l'Eglise de Genève avaient compris que pour répandre le message, il fallait traduire le texte, et le traduire le mieux possible. Le texte ci-dessous est en français du début du XVIIIe siècle tiré de l'épître qui introduit *La Sainte Bible*, qui contient le Vieux et le Nouveau Testament, C'est à dire, l'ancienne et la nouvelle Alliance. Le tout revû & conferé sur les Textes Hébreux & Grecs, Par les Pasteurs & les Professeurs de l'Eglise de Genève, A Genève, Chez Fabri & Barrillot, Libraires, 1723. Cette Bible est préfacée par Maître Jean Calvin (XVIe siècle). Nous lisons en page troisième, par rapport à la nécessité de traduire la Bible :

> « Car pourquoi ont été portez les Grecs à traduire, même plusieurs fois, la Bible Hébraïque en Grec ? les Syriens en Syriaque ? les Arabes en Arabe ? les Ethiopiens en langue Ethiopienne, dont les versions se trouvent encore aujourd'hui ? & les Occidentaux d'Europe, & d'Afrique en la langue Latine & commune pour lors au vulgaire, sinon afin que chacun eut la connoissance des titres de la Religion dont il fait profession, & comme dit l'Apôtre, afin que Dieu fut servi avec une dévotion qui fut jointe avec l'intelligence ? [...] S. Hierôme a pris la peine de traduire la Bible en la langue de ses Dalmates, afin que tous en eussent la connoissance. Justinien veut que les Juifs ayent le vieux Testament en la langue du païs, où il se trouvera qu'ils habitent. Charlemagne ordonne en son capitulaire, que le service divin se fasse en la langue vulgaire & et entenduë de tous. Charles cinquième du nom, Roi de France, surnommé le sage, fit traduire la Bible en François de son tems, qui fut depuis publiée. »

Ouverture

La traduction de la Bible, à partir des langues d'origine vers les langues vernaculaires, n'est pas l'affaire d'une religion, d'une dénomination religieuse, ou d'un mouvement religieux, mais celle de spécialistes ayant accès aux textes anciens et maîtrisant les « outils » nécessaires pour redonner vie à un texte vieux de plusieurs siècles, voire de plusieurs millénaires. La Bible n'est pas la propriété d'une religion, qu'elle soit catholique, réformée, luthérienne ou adventiste. Elle n'est la propriété de personne. Elle est destinée à tout le monde. Le danger dans une traduction, c'est que le traducteur, en choisissant les variantes des différents manuscrits, la polysémie des mots, la syntaxe, la ponctuation, risque d'imprimer sa manière de penser au texte. L'erreur de calquer sa dogmatique sur le texte est un danger que court chaque traducteur, alors que la dogmatique se dégage du texte suite à une saine et objective exégèse.

Comme nous l'avons vu, les traductions de la Bible se faisaient généralement par un homme seul, capable de lire et de comprendre les langues anciennes ou certaines d'entre elles. Quand il n'avait pas l'entière connaissance des langues, il s'aidait des traductions déjà existantes en d'autres langues. Il disposait de peu de manuscrits en comparaison avec les milliers de sources à disposition actuellement. Le travail en équipe est devenu une nécessité car la tâche est immense tant les sources sont nombreuses, variées et complexes.

1975 est une date à retenir en matière de traduction de la Bible car la traduction qui paraît cette année-là, la *Traduction œcuménique de la Bible* (TOB), est l'œuvre conjointe de spécialistes catholiques, protestants et orthodoxes. La Bible est sans aucun doute le lieu privilégié d'une convergence œcuménique. Le verbe *oikeō* signifie « résider à un endroit », quant au mot *oikoumenē* il désigne la terre en tant que lieu habité, le monde[29]. Lorsque les spécialistes des différents lieux habités de la terre et des différentes obédiences chrétiennes se mettent ensemble pour traduire la Bible, il en ressort une traduction œcuménique.

La nouvelle édition de la TOB (2010) donne encore plus de place aux orthodoxes en ce sens qu'elle intègre les textes deutérocanoniques utilisés dans leur liturgie. Il s'agit donc d'une Bible particulièrement complète intégrant l'Ancien et le Nouveau Testament adoptés par les protestants, et de ce fait par les adventistes, les deutérocanoniques utilisés dans les liturgies catholiques et ceux, comme nous l'avons dit, utilisés dans les liturgies orthodoxes.

Un autre exemple d'une collaboration fructueuse et bienvenue est la mise en commun des commentaires des spécialistes qui mettent leur érudition au profit du lecteur. Je ne citerai que *Le Nouveau Testament Commenté* [NTC] paru chez Bayard/Labor et Fides en 2012 sous la direction de Camille Focant et Daniel Marguerat. Dans cette édition encore, des chercheurs catholiques et protestants se mettent ensemble pour livrer au public un texte éclairé de leurs connaissances.

Comme nous le signalions dans l'introduction, il en est de même avec *La Nouvelle Bible Segond* qui « appartient à la grande famille des éditions protestantes de la Bible[30] » pour laquelle les traducteurs de différentes obédiences protestantes, dont adventiste, se sont mis ensemble. Ainsi en est-il pour les notes de *ZeBible*. C'est ce qu'a fait également l'équipe de révision du texte et des notes de la *Bible en français courant*. Les exemples de collaboration entre différentes religions sont nombreux et nous ne pouvons pas tous les citer ici.

Traduire le texte biblique est une chose. Y ajouter des notes explicatives d'ordre historique, géographique, syntaxique et lexicographique en est une autre. Une troisième option serait d'utiliser un texte publié et d'y ajouter des notes d'ordre

---

[29] Frederick William Danker (éd.), *A Greek-English Lexicon of the New Testament and other Early Christian Literature* (3rd ed), Chicago/London, The University of Chicago Press, 2000, p. 694 et 699.
[30] *La Nouvelle Bible Segond*, édition d'étude, Villiers-le-Bel, Société biblique française, 2002, p. 7.

théologique. Je ne citerai qu'un seul exercice de ce genre qui concerne une équipe de spécialistes adventistes anglophones. Ces spécialistes, sous la présidence de Niels-Erik Andreasen, ont obtenu le droit par Thomas Nelson, éditeur de la *New King James Version*, d'utiliser la dernière révision de cette traduction pour y inclure des commentaires, dont des commentaires d'ordre théologique. Je me réjouis de cette collaboration. Cette Bible porte le nom de *Andrews Study Bible*, du nom de la grande université adventiste, Andrews University, dans le Michigan, qui porte ce nom en souvenir du théologien adventiste John Nevins Andrews (1829-1883).

Je ne serais pas favorable à la traduction d'une Bible faite par une équipe composée uniquement de spécialistes adventistes, et cela pour deux raisons principales. La première est que traduire le texte biblique demande une objectivité absolue et un regard neutre. Le choix qu'il convient de faire entre les milliers de variantes qui se trouvent dans les éditions des manuscrits demande de laisser de côté des *a priori* et des idées forgées au cours des générations d'adventistes. Ce n'est pas au traducteur de faire dire au texte ce qu'il pense, mais c'est au texte de transmettre un message au traducteur.

La deuxième raison est que nous sortons juste de la période où notre mouvement était volontiers qualifié de secte. En nous dotant de notre propre traduction de la Bible, nous ne ferions que courir le risque de refermer ce que toute une génération a essayé d'ouvrir. Etre intégrés à des équipes de traduction de la Bible ou à des révisions du texte me semble nécessaire pour rester actifs au sein de la recherche biblique et théologique. Participer à des équipes de commentateurs du texte biblique, afin de faciliter sa lecture auprès de personnes qui ont besoin d'explications pour profiter pleinement du message d'espérance qu'il contient, me semble indispensable. Cela se fait régulièrement.

Il me paraît également nécessaire, voire indispensable, s'il s'agit de travailler sur des commentaires intégrés au texte biblique, que la traduction soit récente et donc en français du XXIe siècle et non du début du XXe siècle. Un texte parle à son lecteur et plus un texte est ancien, et non réactualisé, plus la distance entre le lecteur et le locuteur s'accroît. Elisabeth Parmentier, professeure de théologie pratique aux facultés de théologie protestante de l'Université de Strasbourg et de l'Université de Genève, écrit[31] :

> « L'écrit mérite d'être étudié pour lui-même, car un texte ne procède pas d'une simple continuité avec un discours oral ou d'une évolution naturelle de l'oralité. Il s'agit en fait d'une rupture et d'une perte : perte de la vive voix de l'intervenant, perte de la présence physique et donc de l'emprise de la

---

[31] Elisabeth Parmentier, *L'Ecriture vive. Interprétations chrétiennes de la Bible*, Genève, Labor et Fides, 2004, p. 20-21.

personnalité d'un locuteur, perte du contact direct et donc du possible dialogue entre un locuteur et un auditeur, perte de la situation de co-appartenance à un moment et un espace communs. Ce qui reste au lecteur n'est (que) la matérialité de la lettre, un discours quasi anonyme et sans interlocuteur direct, une instance à distance. La spécificité du phénomène de l'écrit par rapport à l'oral concerne donc l'autonomie du texte, qui a perdu à la fois son auteur, son interlocuteur immédiat et sa situation d'origine. »

Elisabeth Parmentier souligne le fait que ces pertes ne sont pas à déplorer « car c'est l'incertitude et la vacuité du sens qui donnent naissance à l'herméneutique[32] ».

---

[32] *Ibid.*, p. 21.

servir
revue adventiste de théologie

Numéro 1 (Automne 2017)

Editorial L'adventisme : servir l'histoire ou une histoire de service. *Gabriel Monet*	p. 3-6
Tension au coeur de l'identité adventiste : une perspective existentielle et eschatologique. *Jacques Doukhan*	p. 7-15
Faire mémoire : une lecture dynamique de l'histoire de l'Eglise adventiste. *Richard Lehmann*	p. 17-24
La prudence de Jésus et des apôtres face aux autorités romaines. *Rivan Dos Santos*	p. 25-43
Les « agneaux immaculés du Seigneur » : racines puritaines de la notion d'exception. *Jean-Luc Rolland*	p. 45-70
La Réforme en France et l'influence de Calvin dans l'interprétation de l'histoire du protestantisme chez Ellen White. *Denis Fortin*	p. 71-86
L'héritage de Jean Calvin dans les croyances adventistes. *Thomas Domanyi*	p. 87-96
Traduire la Bible. Pourquoi ? Pour qui ? Par qui ? Quelques repères historiques de la traduction de la Bible en français. *Roland Meyer*	p. 97-115